AF191772

Impressum

© 2025, Copyright der Originalausgabe dieses Buches
      Traude Schubert
© Texte Dr. Peter F. Mayer

Traude Schubert - traude-schubert@gmx.de
Alle Rechte vorbehalten

Verlag: BoD · Books on Demand GmbH,
Überseering 33, 22297 Hamburg, bod@bod.de
Druck: Libri Plureos GmbH,
Friedensallee 273, 22763 Hamburg
ISBN: 978-3-8192-4437-7

Haftungsausschluss
Weder der Herausgeber Dr. Peter F. Mayer noch Traude Schubert, Autorin, haften für die Inhalte und Meinungen einzelner Autoren, die Webseite von tkp ist eine Plattform unabhängiger Autoren, die für ihre namentlich gekennzeichneten Inhalte selbst haften.
Der Herausgeber übernimmt auch keine Verantwortung oder Haftung für die Inhalte externer (verlinkter) Websites.
Wir prüfen zum Zeitpunkt der Verlinkung sämtliche Links auf ihre juristische Unbedenklichkeit. Sollten Änderungen bei diesen Links eingetreten sein, die Rechte Dritter verletzen oder gegen geltende Gesetze verstoßen, werden diese Links nach Kenntnisnahme entfernt.

Traude Schubert & Dr. Peter F. Mayer

5G Frequenzen

Und die Auswirkungen auf unsere Gesundheit

Informationen und Studienergebnisse

Vorwort

Ein Buch das man gelesen haben muss!
Es ist schockierend, wie stark die Umwelt und die
Menschen, durch diese Frequenzen belastet werden.

In diesem Buch sind wichtige Erklärungen und
Studienergebnisse zusammengefasst.

Sie erfahren, welche gesundheitlichen Auswirkungen
die Strahlungen von Handymasten und die Handys
selbst haben.

Dank Herrn Dr. Peter F. Mayer, der alle Informationen
und Studien zusammengefügt hat, entstand so ein
sehr guter Überblick über das Thema 5G.

Es ist sehr wichtig dabei, dass wir über den Tellerrand
hinaus sehen. Dass wir die wirklichen Hintergründe, die
Vorhaben der Staaten erkennen.
Und nach Möglichkeiten suchen, dagegen vorzugehen.

Traude Schubert

Herrn Dr. Peter F. Mayer

Herrn Dr. Peter F. Mayer,
Publizist Science & Technology,
Eigentümer und Herausgeber von tkp.at
Homepage: https://tkp.at/

Herr Dr. Mayer stellte mir alle seine Beiträge mit wissenschaftlichen Studien und vielen Informationen zur Verfügung, um sie in einem Buch zusammenfassen.

* * *

Bitte unterstützen auch Sie durch eine Spende die Arbeit der Journalisten.

Der Betrieb von tkp.at, Vergütungen für die Arbeit von Journalisten, Technik und was sonst noch anfällt, sind im Wesentlichen durch unsere Leser finanziert.
Unterstütze unabhängigen Journalismus mit einer Spende!

Vielen Dank!

Spendenmöglichkeiten:

Banküberweisung
IBAN: AT03 1500 0042 2103 0523
BIC: OBKLAT2L
lautend auf Dr. Peter F. Mayer

Paypal:
Peter Mayer @tkpPeterMayer

Mit Ihrer Unterstützung helfen Sie, dass kritischer Journalismus nicht mundtot gemacht wird!
Besten Dank!

Link zu dieser Seite:
https://tkp.at/unterstuetzen/

Mein Honorar aus diesem Buch geht zu 50 % als Spende an TKP.

Inhalt

Sensationell: Umweltmediziner Prof. Hutter warnt offen vor 5 G

Bild von jotoya auf Pixabay

Link hierzu:
https://tkp.at/2022/12/12/sensationell-umweltmediziner-prof-hutter-warnt-offen-vor-5-g/
Autorin:
© *Dr. Gabriele Feyerer, Juristin, freie Autorin / Journalistin.*

50 Prozent der Fläche Österreichs sind mittlerweile schon mit Highspeed-5G-Technologie versorgt. Doch es mehrt sich die Anzahl der Wissenschaftler, die vor möglichen Gesundheitsgefahren warnen, darunter sogar der Umweltmediziner Prof. Dr. Hans-Peter Hutter von der MedUni Wien.

Wenn ich häufig vom Sonntags-Morgenspaziergang die „Krone" mitnehme, kann mich kein medialer Schwachsinn so leicht mehr überraschen, aber es gibt doch Erlebnisse wie heute, wo man die farbige Wochenendbeilage dieses „unabhängigen" Printmediums aufschlägt und feststellt:
Es gibt tatsächlich noch (oder endlich wieder) lichte geistige Momente der Berichterstattung…wie immer diese auch zustande gekommen sind.

Durfte man via „Krone" unlängst Herrn Prof. Hans-Peter Hutter noch sehnig-muskulös, bloß drapiert in ein Handtuch, beim eiskalten Baden bewundern, so lächelt er jetzt tatsächlich von einem Wiener Hausdach und outet sich als Warner zu einem Thema, über das man noch immer kaum öffentlich Kritik äußern darf:
5G („Krone Bunt", Ausgabe 11. 12. 2022).

In dem unerwartet sachlich konzipierten Artikel von Dr. Silvia Jelincic wird erklärt, was die meisten Smartphone-Zombies wohl nicht ansatzweise über 5 G wissen (gemeint ist die fünfte Mobilfunkgeneration).
Sie leistet 10 Mal schnelleren Datenfluss und damit Kommunikation in Echtzeit.
Einen HD-Film in nicht einmal einer Minute aufs Handy zu laden, ist schließlich lebenswichtig und ganze Industrien, vom Smart-Home bis zum selbstfahrenden Auto, wären ohne 5 G nicht möglich sein.

Allerdings gibt es zu den genutzten Hochfrequenz-bereichen und Feldstärken kaum Studien und schon gar kein aussagekräftiges Risikoprofil.

17

Niemand weiß, was wir unserer Gesundheit, der Umwelt bzw. den Tieren (Vögel, Bienen etc.) damit antun. **NIEMAND**.

Wissenslücken und enormer Diskussionsbedarf wurden in einer 2019 vom Parlament beauftragten Studie geortet, mehr aber auch nicht.
Trotzdem wurde 5 G „dank Covid" blitzartig eingeführt und die Risiken werden uns völlig bedenkenlos zugemutet.
Alle benebelten Handykasperln sind begeistert, seriösen Fachleuten dagegen dürfte es langsam mulmig werden, denn man wird künftig (auch wegen tausender Satelliten im All, die wir Elon Musk verdanken), keinen Ort mehr finden, um sich im Bedarfsfall zu schützen.
Wer sensibel auf Strahlung reagiert, kann sich nur noch einen Schutzbunker graben und unterirdisch leben.

Wie bei Covid und den Genspritzen sind wir hier den „alternativlosen" Machenschaften der Industrie ausgeliefert. Und nicht von ungefähr besteht diese äußerst enge Verflechtung zwischen der Medizin bzw. Gentechnik- und Mobilfunklobby.
Aber das ist zweifellos erst der Anfang!

Die 5G-verrücktesten Staaten sind nicht von ungefähr China, USA und … die Philippinen.
Die Parlamentsstudie (Hauptautorin ist hier Dr. Karen Kastenhofer von der Österreichischen Akademie der Wissenschaften ÖAW) stützt die Warnungen von Prof. Hutter, nicht eine Technologie einzuführen, bevor man über alle Risiken Bescheid weiß (aber das kennen wir doch schon von den wirksamen Covid-Impfungen, also was soll's). 18

Vertreter des „Forums für Mobilfunkkommunikation"
halten Ängste für völlig unbegründet, weil angeblich
schon Einstein gesagt hätte, dass elektromagnetische
Strahlung harmlos ist!
Wenn der Mann wüsste, wofür er heute herhalten muss.
Allerdings kennen wir seine Aussagen über die
grenzenlose menschliche Dummheit (samt Gier und
fallweiser „ Lügensucht im Dienste der Ich-Erhöhung" -
Zitat G.P.). **Sie könnte Abgründe öffnen**

Laut Kastenhofer soll 5 G ab 2030 (Agenda 2030 des
WEF!) sogar noch mit 7-mal schnellerer Ausbreitungs-
geschwindigkeit strahlen als bei 5G.
Solche Frequenzen können sich bereits direkt
schädigend auf Augen und Haut auswirken.
Wer also das smarte 5 G-Handy gern am Körper
herumträgt und permanent hinein plappert, könnte (nicht
nur blaue) Wunder erleben.
All das wird tunlichst verschwiegen, denn wer würde auf
sein geliebtes Smartphone mit dem „allerneuesten
Standard „ auch nur eine Stunde lang verzichten?
Ein Großteil der Menschheit ist längst geistig versklavt
und man verzeihe mir den Ausdruck…basisverblödet.

Grenzenlos strahlende Zukunft

Oft wird behauptet, 5 G würde die vorigen Frequenzen
von 3 und 4 G bis LTE ersetzen, doch das stimmt nicht.
Es kommt dann überdies zu Rückkopplungseffekten und
Störungen im Strahlensalat, die zum Teil sogar hörbar
sein werden.
Was jetzt schon Menschen mitmachen, die an Tinnitus

leiden, sollte man einmal untersuchen – ich kann selbst ein Lied davon singen, es ist oft mörderisch quälend!

Jeder braucht doch schon heute nur den eigenen Schlaf unter Strahleneinfluss zu beobachten und sollte die Probleme nicht bloß auf „Stress" schieben, sondern einmal auf ständige Funksignale achten, ob sie nun von nahen Antennen oder dem eigenen „Funkmast" in der Wohnung (Smart Meter, Dect-Telefon ohne ECO-Modus etc.) kommen.

Es ist allerhöchste Zeit, das eigene Hirn zu aktivieren, solange das noch einigermaßen geht.
5 G-Stationen werden uns im „Ausbau der Phase 2" ab 2026 in allen Hauseingängen, Bushaltestellen oder Laternenpfählen verfolgen; im eigenen Auto sowieso.
Das bezeichnet Prof. Hutter zu Recht als verantwortungslos, aber seit wann sind Ethik und Verantwortung für Industriekonzerne überhaupt eine Kategorie?
Es scheint vielmehr sicher, dass zum Kampf gegen eine (für manche Akteure zweifellos recht erfreuliche) „ Therapie „ der Bevölkerung durch Genspritzen auch jener gegen „strahlende Zukunftsaussichten" kommen wird.
Dieser „Krieg" ist in der Tat alternativlos und schon seit Jahrzehnten voll im Gange.

War Gaming as usual?

Wer wirklich wissen möchte, was seit langem Sache ist,

kann sich in diesem Artikel plus kurzem Video informieren:

Seit über 25 Jahren weiß man durch die Forschungen von Prof. Henry Lai (Washington), dass Mobilfunkstrahlung DNA-Strangbrüche, eine Vorstufe von Krebs, auslösen kann.

Link hierzu:
https://www.diagnose-funk.org/aktuelles/artikel-archiv/detail?newsid=1456

Video:
WarGaming für den Profit. Mobilfunkstrahlung, Krebsgefahr & Industrielobbyismus

Strategien der Mobilfunk-Industrie gegen Wissenschaftler.
Das 25-minütige diagnose:funk Dokumentar-Video "War Gaming für den Profit. Mobilfunkstrahlung, Krebsgefahr & Industrielobbyismus" zeigt die Strategien der Mobilfunk-Industrie gegen Wissenschaftler. Bisher nicht veröffentlichtes Originalmaterial mit Zeitzeugen zeigt, mit welchen Methoden die Forschungsergebnisse zur Krebsgefahr, die von der Mobilfunkstrahlung ausgeht, geleugnet werden, bis hin zu Rufmordkampagnen an den Wissenschaftlern.

„War Gaming" ist eine Strategie organisierten Wissenschaftsbetrugs, wie sie schon in den 50er (Rauchen und Krebs) und in den 90er Jahren (Passivrauchen) z.B. von der Zigarettenindustrie angewandt wurde. Heute ist es eine etablierte Strategie der Industrie zum Produktschutz und zur Vermeidung von Vorsorge.

Interessant ist, dass auch hier die WHO pro forma durchaus warnte, dass elektromagnetische Strahlung (und 5 G noch stärker) mögliche Veränderungen der Haut oder Netzhautschäden der Augen verursachen könnte, ebenso wurde ein erhöhtes Krebsrisiko vermutet.

Hat man das in den Medien gehört?
Natürlich nicht, und was würde es auch helfen, solange nur die stärksten Lobbyisten in diesem gekauften Meinungsclub das Sagen haben.
Wir werden daher bald auch nichts mehr Kritisches hören.

Ob es insofern Zufall war, dass es mir in meinem letzten Buch „Padma" über Tibetische Medizin wichtig war, auf 5G zumindest am Rande hinzuweisen?
Ich zitiere hier, was ich im Kapitel „Wasser – ein Strukturwunder" ab Seite 165 dazu schreibe:

> „Direkt unter der Haut befindet sich das elektrisch geladene, flüssige Interstitium, dessen Funktion man gerade erst erkennt und das wie Blut, Lymphe oder Zellwasser besonders empfindlich reagiert – etwa auf Strahlung. Auf diese Zell- und Gewebsflüssigkeit könnte etwa die 5 G-Mobilfunktechnologie schädlich einwirken, da sie ein bis zwei Millimeter tief in die Haut dringt. Was das bedeutet, werden Empfindliche vielleicht „hautnah" spüren und man wird womöglich erkennen, dass eine zellschädigende Strahlung nicht nur

unfruchtbar, sondern auch vorzeitig hässlich und alt macht. Sicher das Gegenteil von dem, was der eitle Mensch von heute will…"

Vielleicht könnte man über diese Schiene ja ein paar „Fans" von 5 G aufwecken…denn faltig und alt oder gar im Bett nicht mehr funktionsfähig…das will man doch nicht werden (dann braucht man wieder Homöopathie, um es auszubügeln). In diesem Fall hoffe ich zur Abwechslung auf positive „Propaganda". Und ein Impfschaden, gepaart künftig mit den Auswirkungen von 5 G, ist sicher besonders „lustig".

Jedenfalls wird Herrn Dr. Hutter, sofern er seine Meinung beibehält, wohl ein kalter Gegenwind (eher ein Orkan) von Seiten der Mobilfunkindustrie treffen, gegen den das Eisbaden noch gar nichts war.
Viel Spaß und Mut ist ihm dabei zu wünschen.

Link zum Bericht „ Padma „ Autor Dr. Peter F. Mayer
https://tkp.at/2021/04/05/plaedoyer-fuer-eine-integrative-medizin-und-mehr-selbstverantwortung/

Hier kann das Buch „ Padma „ bestellt werden:
https://synergia-verlag.ch/padma-p-112999.html

Linkverweis:
https://www.diagnose-funk.org/aktuelles/artikel-archiv/detail?newsid=1456

Gabriele Feyerer

PADMA

Die Kraft tibetischer
Pflanzenmedizin

Heilkunst für ein neues
Jahrtausend

Synergia

Skurril – wie 5G den US Flugverkehr beeinträchtigt

Link hierzu:
https://tkp.at/2023/06/29/skurril-wie-5g-den-us-flugverkehr-beeintraechtigt/
Autor: Dr. Peter F. Mayer

Ab kommenden Wochenende ist mit Verspätungen und Annullierungen von US-Flügen aufgrund des andauernden Debakels um Störungen durch 5G-Mobilfunk im Luftverkehr zu rechnen.
Die Warnungen vor Problemen mit 5G-Frequenzen, die ernsthafte Störungen in der Luftfahrt verursachen, gibt es schon seit Jahren und nicht erst seit ein paar Monaten, gelöst wurden die Probleme aber bisher nicht.
Generell wächst international der Widerstand gegen 5G.

Das 5G-Chaos der Fluggesellschaften – bei dem einige Flugzeuge mit älteren Funkhöhenmessern beim Endanflug auf US-Flughäfen durch starke 5G-Signale verwirrt werden könnten – ist immer noch nicht vorbei. Den Fluggesellschaften wurde eine Frist bis zum 1. Juli eingeräumt, um ihre Flotten zu aktualisieren, aber einige werden die Frist an diesem Wochenende aus drei Gründen nicht einhalten, und ihre Flüge werden sich deshalb verspäten, wie Medien berichten.

Link hierzu:
https://9to5mac.com/2023/06/26/airline-5g-mess/

Titel:
Airline 5G Chaos immer noch nicht vorbei, erwarten Sie
Flugverspätungen ab diesem Wochenende

Kurze Inhaltsangabe:
*Das 5G5G-Durcheinander der Fluggesellschaft – wo
einige Flugzeuge mit älteren Radio-Höhenmetern durch
starke 5G-Signale verwirrt werden könnten, wenn sie ihre
letzte Annäherung an US-Flughäfen macht – ist immer
noch nicht vorbei.*
*Die Fluggesellschaften wurden bis zum 1. Juli gegeben,
um ihre Flotten zu aktualisieren, aber einige werden die
Frist dieses Wochenendes aus drei Gründen nicht
einhalten, und ihre Flüge werden dadurch verzögert
werden ...*

Das 5G-Desaster der Fluggesellschaften

Der Hintergrund ist eine ziemlich bizarre Geschichte
einer Meinungsverschiedenheit zwischen zwei
Regierungsbehörden.
Da es das Satellitenfernsehen im Grunde nicht mehr gibt,
beschloss die Federal Communications Commission
(FCC) die Frequenzen an Mobilfunkanbieter zu
versteigern.
Die Federal Aviation Administration (FAA), bemerkte erst
im Nachhinein, dass dadurch die Gefahr von Störungen
bei Funkhöhenmessern bestehen könnte.
Funkhöhenmesser an Bord von Flugzeugen lassen ein
Funksignal vom Boden reflektieren und messen das
zurückkommende Signal, um die Höhe des Flugzeugs zu
bestimmen.

Diese Methode ist viel genauer als druckbasierte Höhenmesser und wird beim Endanflug und bei der Landung eingesetzt.

Damit wurden vorübergehende 5G-C-Band-Beschränkungen auf rund 50 Großflughäfen eingeführt und der Luftfahrtindustrie eine Frist bis zum 1. Juli 2023 eingeräumt, um ihre älteren Flugzeuge zu überprüfen und die Funkhöhenmesser entsprechend zu aktualisieren.

Das WSJ berichtet, dass Verkehrsminister Pete Buttigieg zugegeben hat, dass 20 % der Flugzeuge, die für Inlandsflüge eingesetzt werden, und 35 % der Flugzeuge, die für internationale Flüge genutzt werden, noch nicht aktualisiert wurden.

Link hierzu:
https://www.wsj.com/articles/pete-buttigieg-warns-of-flight-delays-as-5g-deadline-looms-bc4ab236

Titel / Textauszug:
Pete Buttigieg warnt vor Flugverspätungen, da die 5G-Deadline die Frist für die Frist trübt
Fluggesellschaften haben bis zum 1. Juli Zeit, die Ausrüstung zu aktualisieren oder Einschränkungen bei der Landung bei schlechten Sichtverhältnissen zu sehen

Die Fluggesellschaften sagen, dass die Nachrüstung zwar im Prinzip einfach ist, es aber drei praktische Probleme gibt, die es unmöglich machen, die Frist einzuhalten.

Erstens: Die Ausfallzeiten der Flugzeuge für die Durchführung der Arbeiten sind zu gering. Flugzeuge verdienen kein Geld, wenn sie am Boden stehen, daher planen die Fluggesellschaften sie so eng wie möglich ein, so dass es schwierig sein kann, unerwartete Hangarzeiten einzuplanen.

Zweitens: Probleme in der Lieferkette. Da jedes nicht konforme Flugzeug, das in die USA ein- oder ausfliegt, nachgerüstet werden muss, haben die Zulieferer Mühe, mit der Nachfrage Schritt zu halten.

Drittens: Verzögerungen bei der Zertifizierung. Wenn neue sicherheitskritische Ausrüstungen in ein Flugzeug eingebaut werden, müssen sie für den sicheren Betrieb zertifiziert werden, und auch das braucht Zeit.

Widerstand gegen 5G

Weltweit gibt es Widerstand gegen 5G, was die Einführung an einigen Orten eingeschränkt, verlangsamt und/oder gestoppt hat. Seit 2017 fordern Ärzte und Wissenschaftler aufgrund biologischer und umweltbedingter Gesundheitsrisiken ein Moratorium auf der Erde und im Weltraum und die Mehrheit der Wissenschaftler lehnt die Einführung ab.

Seit 2018 gibt es weltweit Berichte über Menschen und Tiere, die nach der Aktivierung Symptome und Krankheiten aufweisen. 2019 sagten Führungskräfte der Telekommunikationsbranche vor dem US-Kongress aus, dass sie keine wissenschaftlichen Beweise dafür haben, dass es sicher ist.

Einige Forscher haben auch davor gewarnt, dass die 5G-Aktivierung zu COVID-19-Infektionen sowie zu Hunderttausenden, wenn nicht Millionen von Vogelsterben beitragen könnte.

Eine weitere Kritik betrifft die geplante Nutzung für selbstfahrende LKW und PKW.
Auch die damit bestens mögliche Nutzung für lückenlose Überwachung digitalisierter Menschen (digitale ID, elektronische Impfpässe, Überwachung der Grenzen von 15-Minuten-Städten und ähnliches) gewinnt immer mehr an Boden.
Die Entwicklungen der Digitalindustrie in den vergangenen 15 bis 20 Jahren lassen befürchten, dass auch diese Technologie vor allem gegen die Menschen eingesetzt wird.

5G als zentrale Infrastruktur für den Great Reset

Link hierzu:
https://tkp.at/2023/11/28/5g-als-zentrale-infrastruktur-fuer-den-great-reset/
Autor: Thomas Oysmüller

Die digitalisierte Kontrollgesellschaft – die Great-Reset-Gesellschaft – benötigt 5G als Infrastruktur. Daran wird fleißig gearbeitet, in UK sind die Arbeiten Ende 2025 abgeschlossen. Emily Garcia erklärt, was mit 5G-Verbindung dann aufgebaut werden soll – und wie man sich wehren kann.

Am vorletzten Sonntag referierte Emily Garcia auf der Konferenz „Keep Cash Local" in Cardiff, Wales über die

„bargeldlose Wirtschaft" und die geplante gesellschaftliche Transformation durch das Kapital. Ein Transkript des Vortrags hat die politische Gruppe „Real Left" veröffentlicht.

Link hierzu:
https://real-left.com/the-dystopian-cashless-future-we-must-fight-5g-the-metaverse-and-the-tokenised-impact-economy/

Titel und Textauszug:
The Dystopian Cashless Future we must Fight: 5G, the Metaverse, and the Tokenised Impact Economy

In Deutsch:
Die dystopische bargeldlose Zukunft, die wir bekämpfen müssen: 5G, das Metaverse und die Token-basierte Impact Economy

Textauszug - Bargeld: eine physische Transaktion
Ich möchte kurz darauf hinweisen, dass das, was ich hier vorstelle, keine umfassende Erklärung des Themas bargeldlose Wirtschaft und Great Reset sein soll - das ist in 20 Minuten unmöglich -, sondern eher eine Einführung in das Thema.

Garcia beginnt zwar mit dem Bargeld, doch integriert die Frage nach dem Zahlungsmittel in grundsätzliche Prozesse.
So wird ihr Vortrag zu einem Einführungstext zum Thema Überwachungskapitalismus.

Dabei fokussiert sie auch auf den aktuellen Umbau der

Kommunikations-Infrastruktur in Großbritannien, was ihre Thesen zum Aufbau des digitalen Kontrollgesellschaft empirische Grundlage gibt.

Der Vortrag gibt aber auch einen Ausblick und versucht klare Antworten zu formulieren, was man selbst tun könne.

Hier der Text (leicht gekürzt, Hervorhebungen TKP) auf Deutsch:

Das Besondere an Bargeld im Vergleich zu anderen digitalen Zahlungsmitteln ist, dass das Bezahlen mit Bargeld immer ein physisches Ereignis ist.
Um Bargeld zu erwerben, gehe ich zu einem Geldautomaten und hebe Geld ab, oder ich erhalte meine Barzahlung für eine Dienstleistung, die ich einer Person erbracht habe.
Anschließend tausche ich das Geld vielleicht bei jemandem gegen etwas ein, das ich zum Beispiel in einem Geschäft kaufen möchte.

Der Grund dafür, dass dies so wichtig ist, und ich behaupte, dass dies der Grund für die Abschaffung des Bargelds auf der ganzen Welt ist, liegt darin, dass wir aus dem physischen „realen Leben" in die virtuelle Realitätsmatrix des Metaverse-Imperiums gedrängt und getrieben werden.

* * *

Die Big-Data-Wirtschaft als Neustart für das kollabierende schuldenbasierte Finanzsystem

Das globale kapitalistische System, das seit 2008 unter der Last der Schuldenblase zusehends kollabiert, benötigt nun dringend die Schaffung neuer Märkte für Investitionen und Spekulationen. Nur so kann es überleben.
Das Endspiel ist die Kolonisierung der gesamten physischen Welt und aller natürlichen Ressourcen für die privilegierten 1 %, wobei die Masse der Menschheit in eine virtuell-digitale, nur noch sklavenähnliche Existenz gedrängt wird, unter ständiger Überwachung in Echtzeit bis hin zur Gedankenüberwachung.

Das Weltwirtschaftsforum hat diese sich abzeichnende Form des hyper-ausbeuterischen Überwachungskapitalismus als „Big Data-Wirtschaft bezeichnet", und Clive Humby, der Erfinder der Tesco-Clubkarte, sagte:
„ **Daten sind das neue Öl.**"[1] Daten als Dreh- und Angelpunkt der Wirtschaft nach der vierten industriellen Revolution dienen zwei wichtigen Zwecken.

Erstens: Sie liefern das Rohmaterial, das für Impact Investing und Spekulationen benötigt wird, was ich gleich erläutern werde; und
zweitens: Sie werden zum Training der künstlichen Intelligenz und der Robotik verwendet, die den Menschen in den meisten Arbeitsbereichen, einschließlich der Angestelltenjobs, nach und nach ersetzen.
Die Algorithmen der künstlichen Intelligenz sind auch die designierten Verwalter des digitalen Panoptikums.   33

Die Einführung der 5G SMART-Infrastruktur

Um die Datenmengen zu sammeln, zu verarbeiten und zu speichern, die aus den genannten Gründen erforderlich sind, wird derzeit eine riesige globale digitale Infrastruktur aufgebaut.
Im Vereinigten Königreich subventioniert die Regierung das Projekt Gigabit [2], d. h. die Verlegung von „5G-fähigen" Glasfaserkabeln mit Geschwindigkeiten, die mehr als 40-mal schneller sind als superschnelles Breitband. In der Nationalen Infrastrukturstrategie [3] wird das Projekt Gigabit als „großes Tiefbauprojekt beschrieben, bei dem so viele Kabel verlegt werden müssen, dass man die Erde mehr als zehnmal umrunden kann".

Ende 2025 soll ein Wendepunkt für diese Umwandlung in eine Welt der 24/7 flächendeckenden Hochfrequenz-strahlung und Internetkonnektivität erreicht sein, wenn das öffentliche Telefonnetz im Vereinigten Königreich abgeschaltet wird. [4]
Ab diesem Zeitpunkt werden Festnetzanschlüsse nicht mehr funktionieren, da die gesamte Telekommunikation über das Internetprotokoll und nicht mehr über das alte analoge System abgewickelt wird.
Die in den Straßen verlegten Telefonleitungen und die unter unseren Füßen vergrabenen Kupferkabel, die zum Teil seit dem 19. Jahrhundert dort liegen, werden dann überflüssig.
Wie erklärt wird, wird dies auch Auswirkungen auf alle anderen Bereiche haben, die derzeit das alte Telefonnetz nutzen, wie z. B. Alarmanlagen, elektronische

Kassensysteme, Türsprechanlagen, CCTV und Faxgeräte.

5G wird die anfängliche Bandbreite für die neue digitale Infrastruktur sein, aber es sind bereits „Upgrades" auf 6, 7G und sogar 10G [5] geplant, wie aus offiziellen Dokumenten hervorgeht.

Im 5G-Briefing-Papier des britischen Unterhauses von 2019[6] heißt es:
„5G wird voraussichtlich viele mit dem Internet verbundene Geräte und Anwendungen – das so genannte Internet der Dinge – unterstützen.
Als mögliche Anwendungen werden fahrerlose Fahrzeuge und Autos, die Zustellung per Drohne, eine intelligente Fertigung, eine ferngesteuerte Gesundheitsfürsorge und am Körper tragbare Gesundheitssensoren, SMART-Meter, SMAR-Kühlschränke, SMART-Mülleimer, die Warnungen senden, wenn sie voll sind, sowie Notfallmaßnahmen und -management genannt.
Einige dieser und anderer ähnlicher Anwendungen werden seit 2018 im Rahmen des 5G-Test- und Erprobungsprogramms der Regierung aktiv getestet [7].

* * *

Impact Investing und der Wendepunkt zur Impact Economy

Doch zurück zum Thema Impact Investing, um das sich die neue Wirtschaft drehen wird. Eine Definition von Impact Investments des Weltwirtschaftsforums [8] lautet:

„Investitionen in Unternehmen, die ein soziales oder ökologisches Problem mit messbarer Wirkung lösen und gleichzeitig Investitionskapital zurückgeben wollen."

Im Jahr 2018 hat das Entwicklungsprogramm der Vereinten Nationen eine Partnerschaft mit der International Finance Corporation (einer Unterabteilung der Weltbank) gegründet, um die Bedingungen für Impact-Investing-Metriken festzulegen, die mit den 17 Zielen für nachhaltige Entwicklung der Vereinten Nationen übereinstimmen sollen.[9]

Laut dem W.E.F. würde die weitere Verbreitung von Impact-Investing „neue Impulse für das Erreichen der Ziele für nachhaltige Entwicklung geben. [10]

Die Rockefeller Foundation – die in diesem Bereich auch mit den Vereinten Nationen zusammengearbeitet hat [11] – ist verantwortlich für die Schaffung globaler Märkte für sozialverträgliche Investitionen in den zehn Jahren nach dem Immobiliencrash als nächste große finanzielle Chance für Großinvestoren. [12]
2008 prägte die Rockefeller Foundation den Begriff „Impact Investing" und stellte die Startfinanzierung für das Global Impact Investing Network (GIIN) bereit. […]

Ein Blick auf die Website des Government Outcomes Lab zeigt, dem es bei den angestrebten Ergebnissen in erster Linie darum geht, entweder die Inanspruchnahme von Gesundheits-, Bildungs- oder Pflegediensten zu verringern.

Wäre es für den Direktor des Tower Hamlet Mental Health and Employment Partnership-Projekts [21] von Bedeutung, wenn sich einer der Menschen mit einer „schweren und dauerhaften psychischen Erkrankung", die zur Aufnahme einer bezahlten Beschäftigung gezwungen werden, aus Verzweiflung selbst umbringen würde, wie es in Dutzenden von Fällen im Zusammenhang mit den „Reformen" des Ministeriums für Arbeit und Rente bei der Gewährung von Krankengeld geschehen ist?
Wahrscheinlich nicht, solange die Kästchen angekreuzt werden und der Investor weiterhin seine finanzielle Belohnung erhält.

Was hier wirklich vor sich geht, sind restriktive Bedingungen für übertriebene Sparsamkeit und nicht zweckdienliche, stark rationierte Dienstleistungen, die als sozial bewusster Stakeholder-Kapitalismus umgetauft werden, um privaten Investitionsstiftungen den Gewinn aus der öffentlichen Kasse zu stehlen.

Der „messbare" Teil der Wirkungsergebnisse ist ein nicht verhandelbarer Teil des künftigen Wirkungsökosystems, da wir **in SMART Cities als Datenvieh elektronisch verarbeitet** werden, was die US-Forscherin Alison Mcdowell als „die KI-Version von Farmville"[22] bezeichnet hat. Woher sollen sie sonst wissen, ob wir uns nachhaltig ernähren, unsere digitalen Fähigkeiten unter Beweis stellen oder uns ehrenamtlich in unserer lokalen Klimaschutzanlage engagieren, wenn dies nicht aufgezeichnet und in unsere permanente persönliche digitale Akte zur Einsichtnahme durch die Datendementoren eingetragen wird?

Außerdem haben die Organisatoren dieses Systems keinerlei Anreiz, die Armut zu verringern, da die Verwaltung der Armut und all ihrer Auswirkungen die eigentliche Quelle ihrer Gewinne ist.

Das Metaversum

Da gewöhnliche Menschen in der realen Welt immer weniger ein einfaches Leben führen können, wird die Flucht in die körperlose, nicht realisierte virtuelle Welt des Metaversums zu einer zunehmend attraktiven Option.

In einem Bericht [24] der „Focus Group on the Metaverse" der Internationalen Fernmeldeunion wird erklärt, dass der Begriff „Metaversum" erstmals von Neal Stevenson in seinem Science-Fiction-Roman „Snow Crash" verwendet wurde, in dem das Metaversum als eine parallele virtuelle Welt beschrieben wird, in die Menschen durch einen digitalen Avatar eintreten können.

Weiter heißt es: „Mit der Entwicklung digitaler Technologien wie dem Internet der Dinge (IoT), digitalen Zwillingen, erweiterter Realität (AR), virtueller Realität (VR), künstlicher Intelligenz (KI) und Blockchain hat sich das Metaversum von der Science-Fiction zur Forschung entwickelt und ist nun in der Anwendung."

Digitale Identität und Technologien wie Virtual-Reality-Headsets, Augmented-Reality-Brillen, andere Wearables, Haptik, Holografie und Gehirn-Maschine-Schnittstellen werden den Einstieg in das Metaversum erleichtern.

Die ITU erklärt: „Von Arbeitstreffen, Einkäufen und Arztbesuchen bis hin zu gesellschaftlichen Zusammenkünften und Tourismus soll das Metaversum ein ähnliches Erlebnis wie die physische Welt bieten, ohne dass man von einem Ort zum anderen pendeln muss".

Covid-19 wird als Wendepunkt für die weltweite Einführung des Metaversums bezeichnet.[25] Es gibt bereits funktionierende Metaverse-Versionen von Unternehmen, Banken und Universitätskursen sowie Botschaften, Städte und ganze Länder – im Fall von Tuvalu -, die gerade kodiert werden.[26][27]

Vorhergesagt wird ein Verschwimmen zwischen der physischen und der virtuellen Welt vorhergesagt. „Einzelpersonen möglicherweise mehr Zeit in der erweiterten Realität (XR) verbringen als in der physischen Welt", was „es für die Menschen schwieriger machen könnte, sich zu lösen und in ihr analoges Leben zurückzukehren.", sagt etwas das WEF. [28]

Digitale Token und Verhaltensänderung

Die ITU sieht die Schaffung und den Verkauf virtueller Güter und Dienstleistungen als eine der wichtigsten Triebkräfte der Metawirtschaft.

Dazu gehören virtuelle Immobilien und digitale Vermögenswerte sowie digitale Erlebnisse.[31]

Laut WEF werden „Metaverse-Transaktionen voraussichtlich in Fiat-Währung, plattforminternen Token und Kryptowährungen abgewickelt"[32].
Nicht fungible Token[33], d. h. eine eindeutige digitale Kennung, die in einer Blockchain aufgezeichnet und zur Zertifizierung des Eigentums und der Authentizität verwendet wird, können vom Eigentümer übertragen werden, so dass nicht fungible Token verkauft und gehandelt werden können.
In jüngster Zeit hat das Konzept der soul bound tokens, das von Vitalik Buterin, dem Gründer von Ethereum, entwickelt wurde (einer dezentralen Softwareplattform für Geld und neuartige Anwendungen, die auf der Blockchain-Technologie basieren), an Bedeutung gewonnen. Seelengebundene Token sind nicht übertragbare digitale Token, die die soziale Identität repräsentieren und „Verpflichtungen, Referenzen und Zugehörigkeiten" darstellen.
Solche Token wären wie ein erweiterter Lebenslauf, der von anderen Wallets ausgestellt wird, die diese sozialen Beziehungen bescheinigen", so die Autoren des 2022 veröffentlichten Papiers „Decentralised Society: Finding Web 3's Soul"[34] erklären.

Während diese Innovation als Ermöglicher dezentraler, autonomer digitaler Gemeinschaften angepriesen wird, werden die wahren Kontrollabsichten derjenigen, die die Token-Wirtschaft vorantreiben, in dem Papier dargelegt: Tokenizing Behavior Change: A Pathway for the Sustainable Development Goals"[35]

Die Autoren schreiben, dass „Social Impact Practitioners. werden zunehmend aufgefordert werden, Token als Instrumente zur Verhaltensänderung einzusetzen.

Weiter heißt es: „Das größte Potenzial der Blockchain-Technologie für soziale Auswirkungen könnte in der Fähigkeit liegen, die Tokenisierung zu nutzen, um die für soziale Auswirkungen notwendigen Verhaltensweisen zu motivieren", und sie äußern ihre Begeisterung für die vollständige Erforschung der „potenziellen Möglichkeiten der Nutzung von Kryptowährungen als Instrumente zur Verhaltensänderung, um die Ziele für nachhaltige Entwicklung (SDGs) zu erreichen".
Das W.E.F.-Forum ließ unterdessen verlauten, dass „Nutzer im Metaversum von Dienstleistungen und Erfahrungen ausgeschlossen werden könnten, je nachdem, ob sie ein bestimmtes Token oder eine digitale Identität besitzen."[36]

Wie können wir uns wehren?

Nachdem wir also ein ziemlich erschreckendes Bild einer alptraumhaften Zukunft skizziert haben, die auf uns zukommt, stellt sich nun die Frage, was wir dagegen tun können.

Erstens: **Wissen ist Macht.** Wir müssen uns informieren und mit allen, die wir erreichen können, darüber sprechen. Der Erfolg bei der Umsetzung der Agenda zur digitalen Versklavung hängt davon ab, dass wir nicht verstehen, was passiert, bevor es zu spät ist.

Und schließlich: Ziehen Sie die körperliche Erfahrung der digitalen oder virtuellen vor, wo immer Sie können.
Natürlich ist das Bezahlen mit Bargeld, wo immer es möglich ist, eine Möglichkeit, dies zu tun; aber müssen Sie Ihr mit dem Internet der Dinge verbundene, schädliche Strahlung aussendendes und Daten sammelndes SMART Phone überallhin mitnehmen?

Vielleicht ist das zwanghafte Fotografieren und Filmen von Momenten, um sie für Tweets oder Facebook- und Instagram-Posts digital festzuhalten, den Preis nicht wert, den wir zahlen.
Die Pflege einer täglichen Stille kann auch ein starkes Gegengewicht zu dem Mangel an realer Gegenwärtigkeit sein, den unsere digitale Kultur fördert.
 Ich glaube, dass Meditation oder das Praktizieren von Stille eine unserer menschlichen Superkräfte ist, weil sie uns unserem geistigen Selbst und den höheren spirituellen Wesen, die uns umgeben, näherbringt und uns Führung bietet, wenn wir dafür offen sind.

Jenseits der dunklen kapitalistischen Verschwörung glaube ich, dass es letztlich uns gegenüber feindliche Wesen sind, die an dieser Welt arbeiten.
Sie versuchen, uns in den Bereich des Un-Menschlichen – unter das Niveau von Tieren – zu ziehen, um zu untergeordneten Cyborg-Automaten zu werden, denen es an unabhängigem Denken, Fühlen und Wollen mangelt.
Unsere Fähigkeit, diesen Druck zu überwinden und stattdessen eine auf den Menschen ausgerichtete Zukunft zu gestalten, entspringt unserer angeborenen Verbindung zur Göttlichkeit.   42

Ich würde also vorschlagen, dass wir uns darauf konzentrieren sollten, diese Verbindung zu kultivieren, und zwar auf jede Weise, die uns hilft, uns Gott oder dem Göttlichen am nächsten zu fühlen. Dies kann dann die Quelle sein, aus der wir für unsere gesamte praktische Widerstandsarbeit schöpfen.

Quellen:

1] Clive Humby – Wikipedia

[2] Project Gigabit – GOV.UK (www.gov.uk)

[3] archive.is/vjYfc

[4] The UK's PSTN network will switch off in 2025 | BT Business (archive.is)

[5] 10G: 10G Future (10gplatform.com)

[6] archive.is/wip/aCDKc

[7] £28 million to trial innovative new uses of 5G to improve people's lives – GOV.UK (archive.is)

[8] **Page 7 of W.E.F report: 'Impact Investing for the Next Generation'** WEF_Impact_Investing_for_the_Next_Generation.pdf (weforum.org)

[9] On Impact Investing, Digital Identity and the United Nation's Sustainable Development Goals – YouTube

[10] Here's how impact investing can change the world | World Economic Forum (weforum.org)

[11] UN Global Compact and The Rockefeller Foundation Announce a Framework for Action on Social Enterprise and Impact Investing

[12] On Impact Investing, Digital Identity and the United Nation's Sustainable Development Goals – YouTube

[21] Mental Health & Employment Partnership Tower Hamlets (archive.is)

[22] On Impact Investing, Digital Identity and the United Nation's Sustainable Development Goals – YouTube

[23]https://winteroakpress.files.wordpress.com/2023/05/impact.pdf

[24] **P2 of ITU Metaverse Focus Group report 'Exploring the Metaverse: Opportunities and Challenges'**https://www.itu.int/dms_pub/itu-t/opb/fg/T-FG-MV-2023-PDF-E.pdf

[25] **P3 of ITU Metaverse Focus Group report**: '**Policy and Regulation Opportunities and Challenges in the Metaverse'**https://www.itu.int/en/ITU-T/focusgroups/mv/Documents/List%20of%20FG-MV%20deliverables/FGMV-07.pdf

[26] P13-18 **of ITU Metaverse Focus Group report** '**Policy and Regulation Opportunities and Challenges in the**

Metaverse'https://www.itu.int/en/ITU-T/focusgroups/mv/
Documents/List%20of%20FG-MV%20deliverables/
FGMV-07.pdf

**& P10 of ITU Metaverse Focus Group report
'Exploring the Metaverse: Opportunities and
Challenges'** https://www.itu.int/dms_pub/itu-t/opb/fg/T-
FG-MV-2023-PDF-E.pdf

[27] **P27 of WEF report 'Social Implications of the
Metaverse'**
https://www3.weforum.org/docs/WEF_Social_Implication
s_of_the_Metaverse%20_2023.pdf

[28] **P32of** https://www3.weforum.org/docs/WEF_
Metaverse_Privacy_and_Safety_2023.pdf

[29] **P5 of'Guidelines for consideration of ethical
issues in standards that build confidence and
security in the metaverse Working Group 6: Security,
Data & Personally identifiable information (PII)
Protection'**https://www.itu.int/en/ITU-T/focusgroups/mv/
Documents/List%20of%20FG-MV%20deliverables/
FGMV-06.pdf

[30] **P51 of WEF report 'Metaverse Privacy and
Safety'**:https://www3.weforum.org/docs/WEF_Metaverse
_Privacy_and_Safety_2023.pdf

[31] **P18 ofITU-T Focus Group Report. Exploring the
metaverse: opportunities and
challenges:**https://www.itu.int/dms_pub/itu-t/opb/fg/T-
FG-MV-2023-PDF-E.pdf

[32] **P50 of WEF Report'Social Implications of the Metaverse':**
https://www3.weforum.org/docs/WEF_Social_Implications_of_the_Metaverse%20_2023.pdf[33]https://en.wikipedia.org/wiki/Non-fungible_token

[34] **P5**.Vitalek-Buterin-Soulbound-Token-Paper-May-2022.pdf (wrenchinthegears.com)

[35] https://archive.is/QHOFI

[36] **P9 of WEF report'Social Implications of the Metaverse':**
https://www3.weforum.org/docs/WEF_Social_Implications_of_the_Metaverse%20_2023.pdf
Tagged 5G, 5G testbed and trials, cashless, Fourth Industrial revolution, Great Reset, impact economy, Impact Investing, Metaverse, Rockefeller Foundation, Ronald Cohen, social impact investing

Studie aus Schweden:
Kinder von 5G besonders betroffen

Link hierzu:
https://tkp.at/2023/12/29/studie-aus-schweden-kinder-von-5g-besonders-betroffen/
Autor: Thomas Oysmüller

Foto – Link:
https://www.flickr.com/photos/6344495@N05/51409865501

Eine Untersuchung aus Schweden hat die Symptome bei Kindern erfasst, die höchstwahrscheinlich durch 5G-Strahlung ausgelöst worden sind.

Eine Fallstudie aus Schweden hat die Auswirkungen von 5G-Mobilfunkmasten auf Kinder untersucht.

Die begutachtete Untersuchung, die in der Fachzeitschrift Annals of Clinical and Medical Case Reports veröffentlicht worden ist, spricht von ernsthaften neurologischen Gesundheitsproblemen wie chronischen Kopfschmerzen, starken Magenschmerzen und Schlaflosigkeit, die sich durch 5G-Strahlen entwickeln können.

Der Link für zu einer mehrseitigen PDF -Datei.
Diese liegt mir vor. Wer möchte, kann sie direkt an mich wenden, ich sende Sie ihnen umgehend zu.
traude-schubert@gmx.de

* * *

Starke Symptome

So beschreibt die Studie der beiden Forscher die Erkrankung von drei Kindern und ihrer Eltern, nachdem sie in einem Ferienhaus Urlaub gemacht hatten.
Das Haus befindet sich 125 Meter von einem Funkmast mit mehreren 5G-Antennen.
Es ist die zweite Studie der schwedischen Forscher zu diesem Thema im Jahr 2023.
Nachdem die Familie das Ferienhaus verlassen hatte, verschwanden die Symptome wieder.
Ihr eigentliches Zuhause ist weit von 5G-Antennen entfernt.

Im Abstract der Untersuchung heißt es:

Antennen, die Hochfrequenzstrahlung (RF) für die drahtlose 5G werden ab 2019/2020 in Schweden installiert, obwohl keine Studien über die gesundheitlichen Auswirkungen der neuen 5G-Strahlung vorliegen. In fünf im Jahr 2023 veröffentlichten Fallberichten haben wir beschrieben, dass Personen, die in der Nähe von 5G-

Basisstationen leben oder arbeiten kurz nach der Installation der Basisstationen das Mikrowellensyndrom entwickelten.
In diesem neuen Fallbericht beschreiben wir eine zuvor gesunde Familie mit einem Mann, einer Frau und ihren drei Kindern, die Symptome des Mikrowellensyndroms entwickelten, nachdem sie in einem Sommerhaus in 125 Metern Entfernung von einem Mobilfunkmast mit 5G-Antennen.

Die schwerwiegendsten Symptome der Erwachsenen waren:
- Schlafprobleme,
- Kopfschmerzen,
- Müdigkeit
- und unregelmäßiger Herzschlag.

Die Kinder bekamen:
- Schlafprobleme,
- Durchfall,
- Bauchschmerzen,
- Hautausschläge,
- Kopfschmerzen
- und emotionale Symptome.

Alle Symptome verschwanden und die Gesundheit war wiederhergestellt, als die Familie in ihr eigenes Haus an einem anderen Ort ohne 5G Basisstationen.

Während des Zeitraums, in dem die Familie des Hauses während des Aufenthalts der Familie in der Nähe des Masts.

Spätere Messungen ergaben, dass die Strahlungswerte zwischen 9000 bis 43 400 µW/m2 außerhalb des Hauses auf der Seite der 5G-Basisstation, verglichen mit 2 500 µW/m2 höchstens innerhalb ihres normalen Hauses ohne eine 5G-Basisstation in der Nähe.

Während ihres Aufenthalts war jedoch die Strahlung wahrscheinlich höher, weil sich mehr Mobilfunknutzer in diesem Sommerhausgebiet aufhielten.

Dieser Fallbericht steht im Einklang mit den Ergebnissen unserer früheren Fallberichte, die zeigen, dass 5G ziemlich schnell zu gesundheitlichen Problemen führen kann und dass die Beseitigung oder Verringerung der 5G-Belastung den Gesundheitszustand wieder normalisiert.

Lennart Hardell, einer der Autoren der Studie und ein führender Wissenschaftler im Gebiet Krebsrisiko und Strahlung, erklärte gegenüber *The Defender:*

Link hierzu:
https://childrenshealthdefense.org/emr/emf-key-terms-descriptions/
Der Text ist in englisch.

Textausschnitt:
„In der Medizin ist bekannt, dass Kinder empfindlicher auf toxische Stoffe reagieren als Erwachsene. Außerdem haben sie eine höhere Lebenserwartung, so dass sich chronische Gesundheitsprobleme über einen längeren Zeitraum entwickeln können."

Für die Ferienhausstudie wurde die Familie, die dort Urlaub machte, gebeten, nach ihrem Besuch einen Fragebogen über die Symptome auszufüllen, unter denen sie und ihre Kinder im Urlaub litten.
Sie wurden gebeten, den Schweregrad jedes Symptoms

auf einer Skala von eins bis zehn einzustufen.
Alle drei Kinder im Alter von vier, sechs und acht Jahren berichteten von Schlafstörungen und emotionalen Symptomen wie „Reizbarkeit" und „Emotionen", die beide auf Stufe 10, der höchsten Stufe, eingestuft wurden.

„Zwei der Kinder bekamen Durchfall, Bauchschmerzen und Kopfschmerzen, die auf der Schweregradskala zwischen 8 und 3 eingestuft wurden", heißt es in der Studie.
Das Kind im Alter von 6 Jahren, das keine Bauchschmerzen und keinen Durchfall hatte, bekam Hautausschläge, die auf der Schweregradskala mit 8 bewertet wurden.

Mona Nilsson, Autorin der Studie und Leiterin der schwedischen Strahlenschutzstiftung, sagte, sie finde die Ergebnisse „sehr besorgniserregend" und fügte hinzu, dass Kinder in diesem Alter noch nicht unter solchen Symptomen leiden sollten, obwohl sie es zunehmend tun.

Ein Problem rund um 5G sei, dass es noch „recht neu" sei und somit in der Forschung sehr wenig über die Auswirkungen gebe.
Von staatlicher Seite gebe es zudem kaum Interesse.
So meint Hardell, dass es fast so wäre, „als hätten die

staatlichen Regulierungsbehörden der Telekommu-
nikationsindustrie die Genehmigung für die drahtlose
Technologie erteilt, ohne vorher zu beweisen, dass sie
sicher ist."
Ein Gedanke, der nach der Schnellzulassung von mRNA-
Stoffen durchaus glaubhaft wirkt.

**Für Miriam Eckenfels-Garcia, Direktorin des
Children's Health Defense (CHD) Electromagnetic
Radiation & Wireless Program,** ist die 5G-*Einführung*
*„ein weiteres Beispiel dafür ist, dass Finanz- und
Industrieinteressen den Schutz der Gesundheit unserer
Kinder übertrumpfen."*

Weiter kommentiert sie die Studie aus Schweden:
*„Wie in dieser Fallstudie sehen wir die negativen
gesundheitlichen Auswirkungen dieser Technologie, und
anstatt das Vorsorgeprinzip anzuwenden, bis wir das
volle Ausmaß der Gesundheits- und
Umweltauswirkungen bestimmen können, erlauben
unsere Regierungsbehörden – gefangen von der
Industrie -, dass 5G überall installiert wird."*

Neue Studien zeigen Schäden für Gesundheit durch 5G Mobilfunk

Link hierzu:
https://tkp.at/2024/04/15/neue-studien-zeigen-schaeden-fuer-gesundheit-durch-5g-mobilfunk/
Autor: Dr. Peter F. Mayer

Seit es Mobilfunk gibt, gibt es Diskussionen über die Auswirkungen auf die Gesundheit.
Mit der neuen 5G Technologie, die in den vergangenen 4 Jahren massiv ausgerollt und beworben wurde, scheint die Frage der Schädlichkeit und der negativen Auswirkungen nun klar bestätigt zu sein.
Für den Great Reset und die anderen Pläne der UNO Agenda 2030 wie digitales Zentralbankgeld und digitale Id ist 5G aber Voraussetzung.

Während die Mobilfunkindustrie davon ausgeht, dass nur ionisierende Strahlung – beispielsweise Röntgenstrahlen – Schaden anrichten kann, warnen Forscher seit langem davor, dass auch nicht-ionisierende und nicht-erwärmende Strahlung die Gesundheit gefährden kann.

Dies gilt nicht nur für die menschliche Gesundheit, sondern auch für die von Pflanzen und Tieren.
Wobei allerdings schon in den 1990er Jahren festgestellt wurde, dass Handys und Smartphones beim Telefonieren im Kopf nahe des Ohres durchaus lokale Erwärmungen verursachen.

Die neue 5G Technologie ist Voraussetzung für ein flächendeckendes Netz mit hohen Datendurchsatz, der für die totale Digitalisierung benötigt wird.
Die geplante Abschaffung von Bargeld und die Ersetzung durch das digitale Zentralbankgeld, digitaler Impfpass, Führerschein, Sozialkreditsystem, CO_2-Konto, und autonomes Fahren benötigen ständige Verbindungen und verursachen erhebliche Datenvolumina.
Man denke beispielsweise an das CO_2-Konto.
Fährt man mit dem eigenen Auto, so benötigt man schon zum Einsteigen die Freigabe, dass noch genügend am Konto ist um fahren zu dürfen.
Verlässt man das Vehikel muss das durch die Fahrt produzierte CO_2 vom Konto abgebucht und alles zentral bei der EU gespeichert werden.
Einen kurzen Überblick über das, was die EU plant und die Folgen bietet dieses Video:

Link zum Video:
https://www.youtube.com/watch?v=JKaoLxw0qJI

Aber genug damit und zurück zu den gesundheitlichen Folgen. Dr. Joseph Mercola berichtet über neue Studien, die Schäden durch 5G klar nachweisen.

Der erste Studie, die im September 2022 in der Zeitschrift Reviews on Environmental Health veröffentlicht wurde, bietet einen guten Überblick über die Gefahren, die von 5G ausgehen.
Die Autoren wiesen darauf hin, dass seit September 2017 über 400 Wissenschaftler und Ärzte gemeinsam sechs Appelle an die EU Komission gerichtet haben, in denen sie ein Moratorium für die 5G-Technologie forderten. Alle wurden ignoriert.

Link hierzu:
https://www.degruyter.com/document/doi/10.1515/reveh-2022-0106/html

Überschrift und Textauszug:
Die Europäische Union setzt bei der Einführung von Hochfrequenztechnologien auf die Wirtschaft über die Gesundheit
Die fünfte Generation der Hochfrequenzkommunikation, 5G, wird derzeit weltweit eingeführt. Seit September 2017 wurde der 5G-Appell der EU sechs Mal in die EU versandt, um ein Moratorium für die Einführung von 5G zu beantragen. Dieser Artikel befasst sich mit dem 5G-Appell und den nachfolgenden Antworten der EU, einschließlich des umfangreichen Anschreibens, das im September 2021 an die EU geschickt wurde, und fordert strengere Richtlinien für die Exposition gegenüber Hochfrequenzstrahlung (RFR).

Aggregation von Signalen wirft ernste Bedenken auf
Unter der Überschrift *„Great Plans, Great Promises but False Claims"* (Große Pläne, große Versprechungen, aber falsche Behauptungen) verweisen die Autoren auf die eigenen Erkenntnisse der Regierung:

> „... die potenziellen Gesundheits- und Sicherheitsrisiken, die mit RFR (radiofrequency radiation) verbunden sind, wurden in einer kürzlich von der EU in Auftrag gegebenen Überprüfung der derzeit verfügbaren wissenschaftlichen Beweise aufgedeckt, dem EPRS/STOA-Bericht über die gesundheitlichen Auswirkungen von 5G aus dem Jahr 2021 des Europäischen Parlamentarischen Forschungsdienstes.

> In den Schlussfolgerungen der umfassenden Überprüfung wurde erklärt, dass es genügend Beweise für Krebs durch RFR bei Tieren gibt, dass es genügend Beweise für schädliche Auswirkungen von RFR auf die Fruchtbarkeit von Männern, männlichen Ratten und Mäusen gibt und dass RFR wahrscheinlich krebserregend für Menschen ist.

Der Bericht des Europäischen parlamentarischen Forschungsdienstes zeigt ein PDF Dokument von 198 Seiten.
Wenn Sie den Bericht möchten, sende ich ihn Ihnen gerne zu.
Schreiben Sie mich unter traude-schubert@gmx.de an.

5G kann zu neurologischen und psychiatrischen Problemen führen

Die zweite Studie, die im November 2022 veröffentlicht wurde, untersuchte die Auswirkungen von 4,9 GHz (eine von mehreren 5G-Frequenzen) auf das emotionale Verhalten und das räumliche Gedächtnis von erwachsenen männlichen Mäusen.

Link hierzu:
https://www.tandfonline.com/doi/full/10.1080/09603123.2022.2149708

Titel und Auszug aus dem Text:
Auswirkungen des hochfrequenten Feldes der 5G-Kommunikation auf das räumliche Gedächtnis und die Emotionalität bei Mäusen
ABSTRACT
Die rasche Entwicklung der 5G-Netztechnologie hat viel Popularität erlangt, aber auch Bedenken hinsichtlich ihrer negativen Auswirkungen.
In dieser Studie untersuchten wir die Auswirkungen eines 4,9-GHz-Hochfrequenzfeldes (eine der Arbeits-frequenzen der 5G-Kommunikation) auf das emotionale Verhalten und das räumliche Gedächtnis von erwachsenen männlichen Mäusen.

Es wurde festgestellt, dass die Exposition „depressionsähnliches Verhalten" hervorruft, das durch „neuronale Pyroptose in der Amygdala" verursacht wird. Dies könnte im Zusammenhang mit neurodegenerativen Erkrankungen, Hirnverletzungen oder Infektionen, die

das zentrale Nervensystem beeinträchtigen, relevant sein und zu verschiedenen neurologischen und psychiatrischen Auswirkungen führen.
Vier Studien bestätigen den Einfluss von 5G auf die Neurologie.

Vier weitere Studien, die 2023 veröffentlicht wurden, zeigen ebenfalls eine Vielzahl von Schäden im Gehirn:

5G erhöht die Durchlässigkeit der Blut-Hirn-Schranke – In der ersten Studie wurde festgestellt, dass RFR von 5G-Mobiltelefonen bei 3,5 GHz oder 4,9 GHz für eine Stunde pro Tag über 35 Tage hinweg die Durchlässigkeit der Blut-Hirn-Schranke in der Großhirnrinde von Mäusen erhöht.

- **RFR beeinträchtigt die Neurogenese** und verursacht neuronale DNA-Schäden – In der zweiten Studie wurde gezeigt, dass kontinuierliche RFR von Mobiltelefonen bei 2115 MHz für acht Stunden höhere Werte von Lipidperoxidation, kohlenstoffzentrierten Lipidradikalen und Einzelstrang-DNA-Schäden induzieren, was zu einer beeinträchtigten Neurogenese in der Hippocampus-Region und neuronaler Degeneration in der Gyrus dentatus-Region führt.

Link hierzu:
https://pesquisa.bvsalud.org/portal/resource/pt/wpr-993070?lang=en

- **Elektromagnetische Strahlung wird mit Angst in Verbindung gebracht** – In dieser Studie wurde
- bei männlichen Mäusen, die 28 Tage lang vier Stunden täglich elektromagnetischer Strahlung bei 2650 MHz ausgesetzt waren, angstähnliches Verhalten festgestellt.

Link hierzu:
https://www.sciencedirect.com/science/article/abs/pii/S0161813X22001747

- **5G kann Demenz fördern** – Schließlich kam eine Folgestudie zu früheren Untersuchungen zu dem Schluss, dass RFR bei 1,8 GHz bis 3,5 GHz.

Link hierzu:
https://www.frontiersin.org/journals/public-health/articles/10.3389/fpubh.2023.1231360/full

Kurz gesagt, die Forschungsergebnisse deuten darauf hin, dass die Exposition gegenüber 5G-EMF bei Werten unterhalb der regulatorischen Schwelle während einer kritischen Entwicklungsphase (Perinatalperiode) das Potenzial hat, Störungen der Neuroentwicklung zu verursachen.
Diese Auswirkungen sind bei jugendlichen und heranwachsenden Nachkommen zu beobachten und treten bei Männern und Frauen unterschiedlich auf.

RFR dezimiert die männliche Fruchtbarkeit – Melatonin kann helfen, sie wiederherzustellen

Eine Studie vom Dezember 2023, die die negativen

Auswirkungen einer Langzeitexposition mit 2100 MHz RFR auf die Eigenschaften von Rattenspermien untersuchte, brachte sowohl gute als auch schlechte Nachrichten.

Nachteilig war, dass männliche Ratten, die 30 Minuten täglich bei 2100 MHz RFR ausgesetzt waren, einen signifikant höheren Prozentsatz von Spermien mit abnormalen Formen aufwiesen.

Auch die Gesamtzahl der Spermien war bei den exponierten Ratten deutlich geringer.

Link hierzu:

https://www.sciencedirect.com/science/article/abs/pii/S1698031X23000316

Titel und Textauszug:

Therapeutische Wirkungen von Melatonin bei langfristiger Exposition bei hochfrequenter 2100 MHz-Strahlung auf die Eigenschaften von Ratten-SpermienTherapeutische Wirkungen von Melatonin bei langfristiger Exposition bei hochfrequenter 2100 MHz-Strahlung auf die Eigenschaften von Ratten-Spermien

Zusammenfassung

Einleitung

Hochfrequente elektromagnetische Felder (HF-EMF) sind einer der Risikofaktoren für die Gesundheit der männlichen Fortpflanzung, und Melatonin könnte aufgrund seiner antioxidativen Eigenschaften ein idealer Kandidat für die therapeutische Entwicklung gegen HF-induzierte männliche Fertilitätsprobleme sein.

Die mögliche therapeutische Rolle von Melatonin bei den zerstörerischen Wirkungen von 2100 MHz HF-Strahlung auf die Spermien-Eigenschaften von Ratten wurde in der vorliegenden Studie untersucht.

Fallstudie mit 8-jährigem Jungen

Im Januar 2024 präsentierten Hardell et al. eine Fallstudie über einen achtjährigen Jungen, der unter starken Kopfschmerzen und anderen Symptomen litt, während er eine Schule besuchte, die in der Nähe eines mit 5G-Basisstationen ausgestatteten Mobilfunkmastes liegt.

Titel:
Ein achtjähriger Junge entwickelte starke Kopfschmerzen in einer Schule in der Nähe eines Mastes mit 5G-Basisstationen

Die Fallstudie umfasst eine PDF Datei über 4 große Seiten. Wenn Sie Interesse daran haben, schreiben Sie mir unter: traude-schubert@gmx.de
Ich sende Ihnen die PDF Datei dann umgehend zu.

Die Schule des Jungen liegt 200 Meter von einem Mobilfunkmast mit 5G-Basisstationen entfernt, sein Klassenzimmer ist 285 Meter entfernt.
Kurz nach seiner Einschulung begann er mit Kopfschmerzen, die anfangs nur sporadisch und nicht jeden Tag oder jede Woche auftraten.

Im Herbst 2023 verstärkten sich die Kopfschmerzen des Jungen, traten täglich auf und wurden mit 10 auf einer 10-stufigen Skala bewertet, wobei 0 für keine

Beschwerden und 10 für unerträgliche Schmerzen steht. Außerdem litt er unter Müdigkeit (Note 5) und gelegentlichem Schwindel (Note 7), insbesondere in der Schule.
Zu Hause hatte er gelegentlich leichte Kopfschmerzen (Note 2), die relativ schnell wieder abklangen.

Im Herbst 2023 begann er, in der Schule sowohl drinnen als auch draußen eine RF-Schutzmütze und Oberbekleidung zu tragen, woraufhin die Kopfschmerzen verschwanden.

* * *

5G verändert das Mikrobiom

Schließlich untersuchte eine Studie von Wang et al. vom Februar 2024 die Auswirkungen von 5G RFR auf das fäkale Mikrobiom und die Metabolom-Profile von Mäusen. Die Ergebnisse zeigten, dass die Mäuse, die RFR ausgesetzt waren, signifikante Veränderungen in der Zusammensetzung ihres Darmmikrobioms erfuhren, die durch einen Rückgang der mikrobiellen Vielfalt und Verschiebungen in der Verteilung der mikrobiellen Gemeinschaft gekennzeichnet waren.

Link hierzu:
https://www.nature.com/articles/s41598-024-53842-2

Titel und Textauszug:
Auswirkungen des hochfrequenten Feldes der 5G-Kommunikation auf das fäkale Mikrobiom und Metabolom-Profile bei Mäusen

Zusammenfassung

Mit der rasanten Entwicklung von 5G-Netzen rückt der Einfluss des von 5G-Kommunikationsgeräten erzeugten Hochfrequenzfelds (HF) auf die menschliche Gesundheit zunehmend in den Fokus der Öffentlichkeit.

Die Studie zielte darauf ab, die Auswirkungen einer Langzeitexposition bei einem 4,9-GHz-HF-Feld (eine der Arbeitsfrequenzen der 5G-Kommunikation) auf das fäkale Mikrobiom und die Metabolom-Profile bei erwachsenen männlichen C57BL/6-Mäusen zu bewerten.

Durch Metabolomics-Profiling identifizierten die Forscher 258 Metaboliten, die in den Mäusen, die HF-Feldern ausgesetzt waren, im Vergleich zu den Kontrollen signifikant unterschiedlich häufig vorkamen, was darauf hindeutet, dass dies einen tiefgreifenden Einfluss auf Stoffwechselprozesse haben kann.

Die Autoren kamen zu dem Schluss, dass die Exposition mit 4,9 GHz RFR eine Dysbiose der Darmmikrobiota bei Mäusen verursachen kann, und stellten die Hypothese auf, dass die beobachteten Ungleichgewichte in der Darmmikrobiota und im Stoffwechsel mit dem depressionsähnlichen Verhalten von Mäusen zusammenhängen könnten, das in vielen Studien beobachtet wurde.

Das Ungleichgewicht im Stoffwechselprofil könnte auch mit Veränderungen der Immunregulation oder Entzündungen einhergehen.

Nutzen und Gefahren des 5G Mobilfunks – Teil 1

Link hierzu:
https://tkp.at/2024/11/12/nutzen-und-gefahren-des-5g-mobilfunks/
Autor: Dr. Peter F. Mayer

**Der Mobilfunk hat eine rasante Entwicklung durchgemacht. Derzeit halten wir bei 5G, einem Netz das technisch-physikalisch und von der Anwendung mit den Anfängen nichts mehr zu tun hat. Dichte und hohe Frequenzen stellen gesundheitliche Gefahren wie bisher noch nicht gekannt dar.
Ein Überblick – Teil 1.**

In einem Dokument des EU Parlaments vom 11.2.2020 wird recht gut zusammengefasst, was unter 5G zu verstehen ist:

„Die als 5G bezeichnete fünfte Generation der Telekommunikationstechnologien ist ein grundlegendes Element zur Verwirklichung einer europäischen Gigabit-Gesellschaft bis 2025.
Das Ziel, alle städtischen Gebiete, Schienenstrecken und Hauptverkehrsstraßen mit ununterbrochener drahtloser Kommunikation der fünften Generation zu versorgen, kann nur durch den Aufbau eines sehr dichten Netzes von Antennen und Sendern erreicht werden."

Link hierzu:
https://www.europarl.europa.eu/thinktank/de/document/EPRS_BRI(2020)646172

Titel:
Auswirkungen der drahtlosen 5G Kommunikation auf die menschliche Gesundheit

Schon dieses EU-Dokument hält fest, dass die Anzahl der Basisstationen und anderer Geräte mit höherfrequenten Signalen deutlich zunehmen wird.

* * *

Netztechnik

Diese Basisstationen sollen eine Empfangsgeschwindig-keit von mindestens 100 Megabit pro Sekunde gewährleisten und städtische Gebiete, wichtige Straßen und Schienenstrecken sollten mit einer durchgängigen 5G-Konnektivität versorgt werden.
Die Länder sollen dafür 5G-Frequenzbänder bei 700 MHz, 3,5 GHz, 6 GHz und 26 GHz sowie in Zukunft um 60 GHz regulatorisch zur Verfügung stellen.

Die 5G-Technik ist grundsätzlich auf drei verschiedene Anwendungsszenarien hin ausgerichtet.

- eMBB: Enhanced Mobile Broadband, also eine erweiterte mobile Breitbandverbindung, um Mobilgeräte mit möglichst hohen Datenraten zu versorgen.

- mMTC: Massive Machine Type Communication. Dieser Bereich betrifft hauptsächlich das „Internet der Dinge" (IoT) und soll möglichst viele

65

- Verbindungen mit eher geringen Datenraten und niedrigem Energieverbrauch unterstützen.

- uRLLC: Ultra reliable low latency communications soll zuverlässige Verbindungen mit geringer Latenz ermöglichen, die beispielsweise für autonomes Fahren oder Industrie-Automation benötigt werden.

Anwendungsfälle
Damit soll etwa autonomes Fahren von LKW auf Autobahnen und im Grunde von Terminal zu Terminal ermöglicht werden.
Damit die Verbindung nie verloren geht, braucht man dafür überlappende Basisstationen, die Ausfallsicherheit garantieren können.

Ein weiteres geplantes Anwendungsgebiet ist das Internet der Dinge, bei dem über Milliarden von Verbindungen Informationen zwischen Geräten ausgetauscht werden.

Schulen, Hochschulen, Forschungszentren, Krankenhäuser, wichtige Anbieter öffentlicher Dienstleistungen und stark digitalisierte Unternehmen sollten Zugang zu Empfangs-/Sendegeschwindigkeiten von einem Gigabit an Daten pro Sekunde haben.

Wir sehen also, dass ein sehr breites Spektrum von Anwendungsmöglichkeiten besteht. Alles was früher nicht verbunden war, soll es nun werden. Man denke etwa an einen Rauch- oder Feuermelder, der nicht mehr nur ein akustisches Signal von sich gibt, sondern auch gleich die Feuerwehr verständigt.

Um den Menschen Verständigungsmöglichkeit zu geben baut man auch gleich ein Mikrofon ein und vielleicht auch eine kleine Kamera. Bei den Smart-TVs hat man das zum Beispiel schon gemacht, die allerdings in der Regel noch mit dem Festnetz verbunden sind.

Durch die allgegenwärtige Mobilfunktechnik lässt sich all das ohne großen Aufwand ermöglichen.

Aus Sicht der Privatsphäre ist das natürlich ein Alptraum, lässt sich doch mit Hilfe von KI ein engmaschiges Überwachungsnetz auswerfen, das sich nicht mal George Orwell in seinem dystopischen Roman 1984 träumen ließ.

Link hierzu:
https://www.amazon.de/1984-Roman-George-Orwell/dp/
3458178767?__mk_de_DE=%C3%85M%C3%85%C5
%BD%C3%95%C3%91&crid=1EYT73DGFKXR2&dib
=eyJ2IjoiMSJ9.GB3GhqXs9v4qHIorQaYJU27dlx1nV1Lyf
mVBL1dy4XJBSRabEtjWapwfcyOl2iBw0Hv5sV7ht7GfaD
813AIO-JSG2E5qvkDqvxNMLz1NgQBCLG91kHy2Vmx
T0EITxM7c-x5VAoNWcmT1eLrZeXR9SurvasN6
82GE6V6aK0ZgWDipCgOaW1FoaUUa4JrcIvp
U6XpW1ro0itL_lPlOqtP3Op0ASb82iUTYqUk5kzFr4.Vequ
k8FpSfzLZiHF5-Qdpl0x9aU43tasANVDjECIsME&dib_
tag=se&keywords=1984&nsdOptOutParam=true&qid=17
31341744&s=books&sprefix=1984,stripbooks,2211&sr=1
-1&linkCode=sl1&tag=tkpat-1&linkId=ac7beca
17889b235c735aa89e63248d9&language=de_
DE&ref_=as_li_ss_tl

1984: Roman | Der dystopische Klassiker | Das düstere Szenario eines totalitären Überwachungsstaats, der jegliche Individualität zerstört

Weiter ist die 5G-Technologie eine Voraussetzung für den Great Reset und die anderen Pläne der UNO Agenda 2030 wie digitales Zentralbankgeld, digitale Impfpässe und digitale ID oder die Digital Wallet der EU. Digitaler Führerschein, Sozialkreditsystem und CO_2-Konto benötigen ständige Verbindungen und verursachen erhebliche Datenvolumina.
Man denke beispielsweise an das CO_2-Konto.
Fährt man mit dem eigenen Auto, so benötigt man schon zum Einsteigen die Freigabe, dass noch genügend Geld am Konto ist um fahren zu dürfen.
Verlässt man das Vehikel muss das durch die Fahrt produzierte CO_2 vom Konto abgebucht und alles zentral bei der EU gespeichert werden.
Die Buíll & Melinda Gates Foundation widmet der Digital Public Infrastructure einen ganzen Bereich in ihrem Web-Auftritt.

Link hierzu:
https://www.gatesfoundation.org/ideas/digital-public-infrastructure

Überschrift und Textauszug:
Was ist digitale öffentliche Infrastruktur?
Als COVID-19 die digitale Transformation weltweit beschleunigte, verdeutlichte es den Unterschied zwischen starker und schwacher digitaler Infrastruktur. Die Länder haben ein enges Fenster, um sicherzustellen, dass sie über digitale Netzwerke verfügen, die sicher und

effizient wirtschaftliche Möglichkeiten und soziale Dienstleistungen für alle Einwohner bieten. Das ist digitale öffentliche Infrastruktur.

Einen kurzen Überblick über das, was die EU plant und die Folgen bietet dieses Video:

Link zum Video:
https://www.youtube.com/watch?v=JKaoLxw0qJI

Titel:
The 5G mass-experiment: Big promises, unknown risks

* * *

Auswirkungen der drahtlosen 5G Kommunikation auf die menschliche Gesundheit

So lautet auch der Titel des EU Briefings, aus dem zitiert oben wurde. Darin wird weiter festgestellt:

„Vor dem Hintergrund, dass höhere Frequenzen und Milliarden zusätzlicher Verbindungen wissenschaftlichen Untersuchungen zufolge eine Dauerexposition der gesamten Bevölkerung einschließlich der Kinder bedeuten, wirft dies die Frage auf, ob negative Auswirkungen auf die menschliche Gesundheit und die Umwelt zu erwarten sind.

Zwar geht die Forschung allgemein davon aus, dass solche Funkwellen keine Gefahr für

*die Bevölkerung darstellen, jedoch fehlen
bislang Untersuchungen zu der Dauerein-
wirkung, die sich aus der Einführung von 5G
ergeben würde.*

*Dementsprechend ist ein Teil der Wissen-
schaftsgemeinde der Ansicht, dass die
möglichen negativen biologischen
Auswirkungen von elektromagnetischen
Feldern (EMF) und 5G weiter erforscht werden
müssen, insbesondere was die Häufigkeit des
Auftretens einiger schwerer Krankheiten beim
Menschen anbelangt."*

Titel:
**Auswirkungen der drahtlosen 5G Kommunikation auf
die menschliche Gesundheit**

**Wenn Sie an der gesamten PDF Datei Interesse
haben. Schreiben Sie mir an:**
traude-schubert@gmx.de
Ich sende sie Ihnen dann umgehend zu.

Allerdings stellt das Briefing auch fest, dass
> *„in einer Erklärung vom Dezember 2018 die
> mit 5G einhergehenden Risiken vorläufig als
> hoch"*

eingeschätzt wurden.

Auch vom Europarat gibt es Stellungnahmen, nach der es anzunehmen sei,

„dass einige nichtionisierende Frequenzen mehr oder weniger potenziell schädliche, nicht thermische, biologische Auswirkungen auf Menschen, Tiere und Pflanzen haben, selbst wenn das Expositionsniveau unter den offiziellen Schwellenwerten liege.

Jugendliche und Kinder seien besonders gefährdet und es könnten extrem hohe menschliche und wirtschaftliche Kosten entstehen, wenn Frühwarnungen vernachlässigt werden."

Die EU wurde von Wissenschaftlern und Ärzten vor den 5G-Gefahren gewarnt.
Im September 2022 wurde eine Studie unteer dem Titel
„The European Union prioritises economics over health in the rollout of radiofrequency technologies"
(Die Europäische Union räumt bei der Einführung von Hochfrequenztechnologien der Wirtschaftlichkeit Vorrang vor der Gesundheit ein) in der Zeitschrift Reviews on Environmental Health veröffentlicht, die einen guten Überblick über die Gefahren bietet, die von 5G ausgehen.
Die Autoren wiesen darauf hin, dass seit September 2017 über 400 Wissenschaftler und Ärzte gemeinsam sechs Appelle an die EU Komission gerichtet haben, in denen sie ein Moratorium für die 5G-Technologie forderten.
Alle wurden ignoriert.

Link hierzu:
https://www.degruyter.com/document/doi/10.1515/reveh-2022-0106/html

Titel und Textausschnitt:
Die Europäische Union räumt bei der Einführung von Hochfrequenztechnologien der Wirtschaftlichkeit Vorrang vor der Gesundheit ein

Zusammenfassung
Die fünfte Generation der Hochfrequenz-Kommunikation, 5G, wird derzeit weltweit ausgerollt.
Seit September 2017 wurde sechs Mal der EU 5G Appeal an die EU geschickt, in dem ein Moratorium für die Einführung von 5G gefordert wurde.
Dieser Artikel gibt einen Überblick über den 5G-Appell und die nachfolgenden Antworten der EU, einschließlich des ausführlichen Anschreibens, das im September 2021 an die EU geschickt wurde und in dem strengere Richtlinien für die Exposition gegenüber hochfrequenter Strahlung (RFR) gefordert werden.

Unter der Überschrift „Great Plans, Great Promises but False Claims" (Große Pläne, große Versprechungen, aber falsche Behauptungen) verweisen die Autoren auf die Erkenntnisse:

> „… die potenziellen Gesundheits- und Sicherheitsrisiken, die mit RFR (radiofrequency radiation) verbunden sind, wurden in einer kürzlich von der EU in Auftrag gegebenen Überprüfung der derzeit

verfügbaren wissenschaftlichen Beweise aufgedeckt, dem EPRS/STOA-Bericht über die gesundheitlichen Auswirkungen von 5G aus dem Jahr 2021 des Europäischen Parlamentarischen Forschungsdienstes.

Mir liegt die gesamt PDF Datei vor. Sie können diese gerne bei mir anfordern: traude-schubert@gmx.de Ich sende sie Ihnen dann umgehend zu.

In den Schlussfolgerungen der umfassenden Überprüfung wurde erklärt, dass es genügend Beweise für Krebs durch RFR bei Tieren gibt, dass es genügend Beweise für schädliche Auswirkungen von RFR auf die Fruchtbarkeit von Männern, männlichen Ratten und Mäusen gibt und dass RFR wahrscheinlich krebserregend für Menschen ist.

* * *

Fallstudie aus Schweden über Kinder

Dass die Warnungen der Wissenschaftler nicht grundlos sind, soll die folgende Fallstudie erhellen.
Die Studie von Nilsson M mit dem Titel „Case Report: Both Parents and their Three Children Developed Symptoms of the Microwave Syndrome while on Holiday near a 5G Tower" (Fallbericht: Beide Eltern und ihre drei Kinder entwickelten Symptome des Mikrowellensyndroms während eines Urlaubs in der Nähe eines 5G-Turms) berichtet von ernsthaften neurologischen Gesundheitsproblemen wie chronischen

Kopfschmerzen, starken Magenschmerzen und Schlaflosigkeit, die sich durch 5G-Strahlen entwickeln können.

Die gesamte PFD Datei mit dem Titel:
Annals of Clinical and Medical - Fallberichte
habe ich vorliegen.
Ich sende sie Ihnen gerne zu, schreiben Sie mir bitte unter traude-schubert@gmx.de

Aus der Zusammenfassung:
„In fünf im Jahr 2023 veröffentlichten Fallberichten haben wir beschrieben, dass Personen, die in der Nähe von 5G-Basisstationen leben oder arbeiten kurz nach der Installation der Basisstationen das Mikrowellensyndrom entwickelten.

In diesem neuen Fallbericht beschreiben wir eine zuvor gesunde Familie mit einem Mann, einer Frau und ihren drei Kindern, die Symptome des Mikrowellensyndroms entwickelten, nachdem sie in einem Sommerhaus in 125 Metern Entfernung von einem Mobilfunkmast mit 5G-Antennen.

Die schwerwiegendsten Symptome der Erwachsenen waren Schlafprobleme, Kopfschmerzen, Müdigkeit und unregelmäßiger Herzschlag. Die Kinder bekamen Schlafprobleme, Durchfall, Bauchschmerzen, Hautausschläge, Kopfschmerzen und emotionale Symptome.

Alle Symptome verschwanden und die Gesundheit war wiederhergestellt, als die Familie in ihr eigenes Haus an einem anderen Ort ohne 5G Basisstationen. …
Spätere Messungen ergaben, dass die Strahlungswerte zwischen 9000 bis 43.400 µW/m2 außerhalb des Hauses auf der Seite der 5G-Basisstation, verglichen mit 2500 µW/m2 höchstens innerhalb ihres normalen Hauses ohne eine 5G-Basisstation in der Nähe."

Morgen gehen wir in einem zweiten Teil auf weitere Studien ein und auf weitere beabsichtige Verwendungen der 5G-Technologie.

Nutzen und Gefahren des 5G-Mobilfunks – Teil 2

Link hierzu:
https://tkp.at/2024/11/13/nutzen-und-gefahren-des-5g-mobilfunks-teil-2/

Autor: Dr. Peter F. Mayer

Während der Corona „Pandemie" wurden wir Zeuge der weltweiten Einführung und Installation von 5G, was die Exposition weiter erhöht, da es zusätzlich zu der bereits bestehenden drahtlosen Infrastruktur hinzugefügt wurde.
Die Menschen werden damit einer bisher noch nicht gekannten Strahlenbelastung ausgesetzt.
Mit der Verbreitung von 5G verbessert sich aber auch die Erkenntnislage zu den potenziellen Schäden.
Ein Überblick – Teil 2.

Im „Think Tank" des EU-Parlaments befasst sich eine Studie vom 22.7. 2021 mit 5G und Gesundheit:

> „Gesundheitliche Auswirkungen von 5G" und erklärt: *„Allerdings kann 5G zusammen mit 3G und 4G, mit denen es mehrere Jahre parallel betrieben wird, auch eine Bedrohung für die menschliche Gesundheit darstellen."*

Link hierzu:
https://www.europarl.europa.eu/thinktank/de/document/EPRS_STU(2021)690012

Titel und Textausschnitt:
Gesundheitliche Auswirkungen von 5G
Die letzten Jahrzehnte haben eine beispiellose Entwicklung in der drahtlosen Kommunikationstechnologien (Mobilfunk, Wi-Fi) erlebt.
Es wird erwartet, dass die bevorstehende Einführung der 5G-Technologie in der gesamten EU neue Möglichkeiten für Bürger und Unternehmen durch schnelleres Surfen im Internet, Streaming und Herunterladen sowie durch eine bessere Konnektivität bietet.
Allerdings kann 5G zusammen mit 3G und 4G, mit denen es mehrere Jahre parallel betrieben wird, auch eine Bedrohung für die menschliche Gesundheit darstellen. Dieser STOA-Bericht soll eine Bilanz unseres derzeitigen Verständnisses der gesundheitlichen Auswirkungen von 5G ziehen.

Der Bericht kommt zu folgenden Schlussfolgerungen:

„1) Krebs: *FR1 (450 bis 6 000 MHz): EMF sind für den Menschen wahrscheinlich karzinogen, insbesondere in Bezug auf Gliome und Akustikusneurinome; FR2 (24 bis 100 GHz): Zu den höheren Frequenzen wurden keine ausreichenden Studien durchgeführt;*

2) Auswirkungen auf die Fortpflanzungsfähigkeit und die Entwicklung:
FR1 (450 bis 6 000 MHz): diese Frequenzen haben eindeutig Auswirkungen auf die männliche und unter Umständen auch auf die weibliche Fertilität. Sie können potenzielle schädliche Wirkungen auf die Entwicklung von Embryos, Feten und Neugeborenen haben; FR2 (24

77

bis 100 GHz): Zu den nichtthermischen Effekten der höheren Frequenzen wurden keine ausreichenden Studien durchgeführt."

* * *

Eingeschränkte Forschungen

In einem Artikel von Ronald N Kostoff in den Toxicology Letters wird auf die Beschränkung der wissenschaftlichen Arbeiten eingegangen, die wesentlich durch die Abhängigkeit der Forschung von Drittmitteln aus der Industrie verursacht wird. In diesem Artikel werden nachteilige Auswirkungen nicht-ionisierender, nicht-sichtbarer Strahlung aufgezeigt, die in der führenden biomedizinischen Literatur beschrieben werden.

Link hierzu:
https://pubmed.ncbi.nlm.nih.gov/31991167/

Titel und Textauszug:
Negative gesundheitliche Auswirkungen der 5G-Mobilfunknetztechnologie unter realen Bedingungen

Abstract
Dieser Artikel identifiziert negative Auswirkungen von nichtionisierender nicht-sichtbarer Strahlung (im Folgenden drahtlose Strahlung genannt), die in der führenden biomedizinischen Literatur berichtet wird. Es betont, dass die meisten der bisher durchgeführten Laborexperimente nicht dazu gedacht sind, die schwerwiegenderen Nebenwirkungen zu identifizieren, die die reale Betriebsumgebung widerspiegeln, in der drahtlose Strahlungssysteme funktionieren. 78

Die meisten Laborexperimente sind nicht darauf ausgelegt, die schwerwiegenderen schädlichen Wirkungen zu ermitteln, die den Bedingungen im wirklichen Leben entsprechen.
Viele Experimente berücksichtigen nicht das reale Pulsieren und die Modulation des Trägersignals, so der Befund der Studie.

Link hierzu:
https://www.sciencedirect.com/topics/pharmacology-toxicology-and-pharmaceutical-science/adverse-event

Titel und Textauszug:
Pragmatische, offene, randomisierte, klinische Phase-II-Studie zur Bewertung der Wirksamkeit und Sicherheit von Methylprednisolon-Impulsen und Tacrolimus bei Patienten mit schwerer Lungenentzündung infolge von COVID-19: Das TACROVID-Studienprotokoll

Die Forscher erklären, dass die überwiegende Mehrheit der Experimente nicht die synergistischen schädlichen Auswirkungen anderer toxischer Reize mit drahtloser Strahlung berücksichtigt.
In dem Artikel werden auch Beweise dafür vorgelegt, dass die 5G-Mobilfunktechnologie nicht nur die Haut und die Augen beeinträchtigen kann, wie gemeinhin angenommen wird, sondern auch schädliche systemische Auswirkungen hat.

Link hierzu:
https://www.sciencedirect.com/topics/pharmacology-toxicology-and-pharmaceutical-science/adverse-event

Titel und Textauszug:

Pragmatische, offene, randomisierte, klinische Phase-II-Studie zur Bewertung der Wirksamkeit und Sicherheit von Methylprednisolon-Impulsen und Tacrolimus bei Patienten mit schwerer Lungenentzündung infolge von COVID-19: Das TACROVID-Studienprotokoll

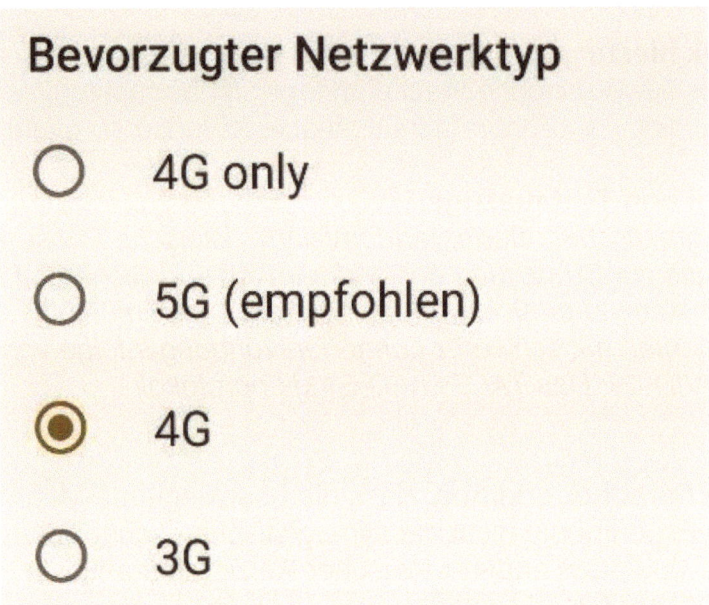

Eine der individuellen Möglichkeiten die unmittelbare 5G-Exposition einzuschränken, ist den Netztyp am eignen Smartphone auf 4G festzulegen.

Neuere Studien zeigen ein Spektrum von gesundheitlichen Schäden

Mehrere zwischen 2022 und 2024 veröffentlichte Studien unterstreichen die Gesundheitsrisiken der 5G-Technologie.

Die Forschung widerspricht den Richtlinien der Internationalen Kommission zum Schutz vor nicht-ionisierender Strahlung und zeigt verschiedene schädliche biologische Auswirkungen von Hochfrequenzstrahlung (radiofrequency radiation – RFR) auf Mensch und Umwelt, einschließlich des Krebsrisikos.

Studien zeigen, dass 5G das Potenzial hat, neurologische Schäden und psychiatrische Probleme hervorzurufen, wobei die Auswirkungen auf die Entwicklung des Gehirns hervorgehoben werden, einschließlich des erhöhten Risikos von Krankheiten wie Demenz durch Mechanismen wie die Beeinträchtigung von Neurosin.

Eine Studie vom Dezember 2023 veranschaulicht die schädlichen Auswirkungen von 5G RFR auf die Spermien von Ratten und zeigt eine verringerte Spermienzahl und -qualität, wobei Melatonin einen schützenden Effekt bietet.

Forschungsergebnisse vom Februar 2024 weisen auf signifikante Veränderungen des fäkalen Mikrobioms und der Metabolom-Profile bei Mäusen hin, die 5G RFR ausgesetzt waren, und deuten auf weitreichendere Auswirkungen auf die Gesundheit hin, einschließlich des psychischen Wohlbefindens und der Immunfunktion.

5G kann zu neurologischen und psychiatrischen Problemen führen

Die Studie, die im November 2022 veröffentlicht wurde, untersuchte die Auswirkungen von 4,9 GHz (eine von mehreren 5G-Frequenzen) auf das emotionale Verhalten und das räumliche Gedächtnis von erwachsenen männlichen Mäusen.

Es wurde festgestellt, dass die Exposition „depressionsähnliches Verhalten" hervorruft, das durch „neuronale Pyroptose in der Amygdala" verursacht wird.

Dies könnte im Zusammenhang mit neurodegenerativen Erkrankungen, Hirnverletzungen oder Infektionen, die das zentrale Nervensystem beeinträchtigen, relevant sein und zu verschiedenen neurologischen und psychiatrischen Auswirkungen führen.

Link hierzu:
https://www.tandfonline.com/doi/full/10.1080/09603123.2022.2149708

Titel und Textausschnitt:
Auswirkungen des hochfrequenten Feldes der 5G-Kommunikation auf das räumliche Gedächtnis und die Emotionalität bei Mäusen

Die rasche Entwicklung der 5G-Netztechnologie hat viel Popularität erlangt, aber auch Bedenken hinsichtlich ihrer negativen Auswirkungen.
In dieser Studie untersuchten wir die Auswirkungen eines 4,9-GHz-Hochfrequenzfeldes (eine der Arbeitsfrequenzen der 5G-Kommunikation) auf das emotionale Verhalten und das räumliche Gedächtnis von erwachsenen männlichen Mäusen.

* * *

Vier Studien bestätigen den Einfluss von 5G auf die Neurologie

Vier weitere Studien, die 2023 veröffentlicht wurden, zeigen ebenfalls eine Vielzahl von Schäden im Gehirn:

- **5G erhöht die Durchlässigkeit der Blut-Hirn-Schranke** – In der ersten Studie wurde festgestellt, dass RFR von 5G-Mobiltelefonen bei 3,5 GHz oder 4,9 GHz für eine Stunde pro Tag über 35 Tage hinweg die Durchlässigkeit der Blut-Hirn-Schranke in der Großhirnrinde von Mäusen erhöht.

Link hierzu:
https://pesquisa.bvsalud.org/portal/resource/pt/wpr-993070

- **RFR beeinträchtigt die Neurogenese** und verursacht neuronale DNA-Schäden – In der zweiten Studie wurde gezeigt, dass kontinuierliche RFR von Mobiltelefonen bei 2115 MHz für acht Stunden höhere Werte von Lipidperoxidation, kohlenstoffzentrierten Lipidradikalen und Einzelstrang-DNA-Schäden induzieren, was zu einer beeinträchtigten Neurogenese in der Hippocampus-Region und neuronaler Degeneration in der Gyrus dentatus-Region führt.

Link hierzu:
https://www.sciencedirect.com/science/article/abs/pii/S0161813X22001747

- **Elektromagnetische Strahlung wird mit Angst in Verbindung gebracht** – In dieser Studie wurde bei männlichen Mäusen, die 28 Tage lang vier Stunden täglich elektromagnetischer Strahlung bei 2650 MHz ausgesetzt waren, angstähnliches Verhalten festgestellt.

Link hierzu:
https://onlinelibrary.wiley.com/doi/full/10.1002/brb3.3004

- **5G kann Demenz fördern** – Schließlich kam eine Folgestudie zu früheren Untersuchungen zu dem Schluss, dass RFR bei 1,8 GHz bis 3,5 GHz.

Link hierzu:
https://www.frontiersin.org/journals/public-health/articles/10.3389/fpubh.2023.1231360/full

Kurz gesagt, die Forschungsergebnisse deuten darauf hin, dass die Exposition gegenüber 5G-EMF bei Werten unterhalb der regulatorischen Schwelle während einer kritischen Entwicklungsphase (Perinatalperiode) das Potenzial hat, Störungen der Neuroentwicklung zu verursachen.
Diese Auswirkungen sind bei jugendlichen und heranwachsenden Nachkommen zu beobachten und treten bei Männern und Frauen unterschiedlich auf.

RFR dezimiert die männliche Fruchtbarkeit – Melatonin kann helfen, sie wiederherzustellen

Eine Studie vom Dezember 2023, die die negativen

Auswirkungen einer Langzeitexposition mit 2100 MHz RFR auf die Eigenschaften von Rattenspermien untersuchte, brachte sowohl gute als auch schlechte Nachrichten.

Link hierzu:
https://www.sciencedirect.com/science/article/abs/pii/S1698031X23000316

Titel und Textausschnitt:
Therapeutische Wirkungen von Melatonin bei Langzeitexposition bei 2100 MHz Hochfrequenzstrahlung auf die Eigenschaften von Rattensperma.
Therapeutische Wirkungen von Melatonin bei Langzeitexposition bei 2100 MHz Hochfrequenzstrahlung auf die Eigenschaften von Rattensperma.

Nachteilig war, dass männliche Ratten, die 30 Minuten täglich bei 2100 MHz RFR ausgesetzt waren, einen signifikant höheren Prozentsatz von Spermien mit abnormalen Formen aufwiesen.
Auch die Gesamtzahl der Spermien war bei den exponierten Ratten deutlich geringer.

* * *

Fallstudie mit 8-jährigem Jungen

Im Januar 2024 präsentierten Hardell et al. eine Fallstudie über einen achtjährigen Jungen, der unter starken Kopfschmerzen und anderen Symptomen litt, während er eine Schule besuchte, die in der Nähe eines mit 5G-Basisstationen ausgestatteten Mobilfunkmastes liegt.

Die Schule des Jungen liegt 200 Meter von einem Mobilfunkmast mit 5G-Basisstationen entfernt, sein Klassenzimmer ist 285 Meter entfernt. Kurz nach seiner Einschulung begann er mit Kopfschmerzen, die anfangs nur sporadisch und nicht jeden Tag oder jede Woche auftraten.

Im Herbst 2023 verstärkten sich die Kopfschmerzen des Jungen, traten täglich auf und wurden mit 10 auf einer 10-stufigen Skala bewertet, wobei 0 für keine Beschwerden und 10 für unerträgliche Schmerzen steht. Außerdem litt er unter Müdigkeit (Note 5) und gelegentlichem Schwindel (Note 7), insbesondere in der Schule. Zu Hause hatte er gelegentlich leichte Kopfschmerzen (Note 2), die relativ schnell wieder abklangen.

Im Herbst 2023 begann er, in der Schule sowohl drinnen als auch draußen eine RF-Schutzmütze und Oberbekleidung zu tragen, woraufhin die Kopfschmerzen verschwanden.

5G verändert das Mikrobiom

Schließlich untersuchte eine Studie von Wang et al. vom Februar 2024 die Auswirkungen von 5G RFR auf das fäkale Mikrobiom und die Metabolom-Profile von Mäusen.

Die Ergebnisse zeigten, dass die Mäuse, die RFR ausgesetzt waren, signifikante Veränderungen in der Zusammensetzung ihres Darmmikrobioms erfuhren, die durch einen Rückgang der mikrobiellen Vielfalt und Verschiebungen in der Verteilung der mikrobiellen Gemeinschaft gekennzeichnet waren.

Link hierzu:
https://www.nature.com/articles/s41598-024-53842-2

Titel und Textauszug:
Auswirkungen des hochfrequenten Feldes der 5G-Kommunikation auf das fäkale Mikrobiom und Metabolom-Profile bei Mäusen

Durch Metabolomics-Profiling identifizierten die Forscher 258 Metaboliten, die in den Mäusen, die HF-Feldern ausgesetzt waren, im Vergleich zu den Kontrollen signifikant unterschiedlich häufig vorkamen, was darauf hindeutet, dass dies einen tiefgreifenden Einfluss auf Stoffwechselprozesse haben kann.

Die Autoren kamen zu dem Schluss, dass die Exposition mit 4,9 GHz RFR eine Dysbiose der Darmmikrobiota bei Mäusen verursachen kann, und stellten die Hypothese auf, dass die beobachteten Ungleichgewichte in der Darmmikrobiota und im Stoffwechsel mit dem depressionsähnlichen Verhalten von Mäusen zusammenhängen könnten, das in vielen Studien beobachtet wurde.
Das Ungleichgewicht im Stoffwechselprofil könnte auch mit Veränderungen der Immunregulation oder Entzündungen einhergehen.

Teil 1 zum Nutzen und Gefahren des 5G-Mobilfunks lesen Sie in diesem Buch ab Seite 63.

Kurzfristige Exposition gegenüber 5G-Strahlung verändert menschliches Blut

Link hierzu:
https://tkp.at/2025/03/06/kurzfristige-exposition-gegenueber-5g-strahlung-veraendert-menschliches-blut/

Autor: Dr. Peter F. Mayer

**Die neue 5G Technologie ist Voraussetzung für ein flächendeckendes Netz mit hohen Datendurchsatz, der für die totale Digitalisierung benötigt wird.
Sie wird deshalb von der EU massiv gefördert, weil sie angeblich alternativlos und gefahrlos ist. Beides ist offenbar unrichtig.**

Immer mehr Studien zeigen nun, dass insbesondere die neue 5G-Technolpogie mit gesundheitlichen Gefahren verbunden ist. Über einige Studien und die Pläne der EU hat TKP hier, hier und hier berichtet.

Links hierzu:
https://tkp.at/2024/04/15/neue-studien-zeigen-schaeden-fuer-gesundheit-durch-5g-mobilfunk/
Hier im Buch auf Seite 52.

https://tkp.at/2024/11/12/nutzen-und-gefahren-des-5g-mobilfunks/
Hier im Buch auf Seite 63.

https://tkp.at/2024/11/13/nutzen-und-gefahren-des-5g-mobilfunks-teil-2/
Hier im Buch auf Seite 75.

Eine am 15. Februar in Biomedicines erschienene Studie beschäftigt sich nun damit, wie sich eine kurzzeitige Exposition gegenüber 5G-Hochfrequenzstrahlung (RF-EMR) bei verschiedenen Frequenzen auf menschliches Blut auswirkt, wobei der Schwerpunkt auf Erythrozyten (roten Blutkörperchen) liegt.

Die aufgedeckten Auswirkungen könnten einen erheblichen Einfluss darauf haben, wie wir mit der Schnittstelle zwischen Technologie und menschlicher Gesundheit umgehen.

Link hierzu:
https://www.mdpi.com/2227-9059/13/2/478

Titel und Textauszug:
Kurzfristige In-vitro-Exposition von menschlichem Blut gegenüber 5G-Netzfrequenzen: Wirken sich Geschlecht und Frequenz zusätzlich auf die Morphometrie der Erythrozyten aus?

Zusammenfassung
Hintergrund/Zielsetzung: Diese Studie untersuchte die Wirkungen von hochfrequenter elektromagnetischer 5G-Befeldung (RF-EMR) bei verschiedenen Frequenzen (700 MHz, 2500 MHz, 3500 MHz) auf das komplette Blutbild (CBC), die Erythrozyten-Morphometrie und die Thrombozyten-Aktivierung nach einer kurzzeitigen in vitro-Exposition von menschlichem Blut. Methoden: Blutproben von 30 gesunden Freiwilligen (15 Männer und 15 Frauen im Alter von 25-40 Jahren) wurden in drei Abständen (im Abstand von 14 Tagen) entnommen. Bei jeder Entnahme wurden vier Röhrchen Blut pro

Proband abgenommen - zwei Versuchs- und zwei Kontrollproben.

Die Arbeit von Nikolino Žura et al trägt den Titel *„Short-Term In Vitro Exposure of Human Blood to 5G Network Frequencies: Do Sex and Frequency Additionally Affect Erythrocyte Morphometry?"* (Kurzzeitige In-vitro-Exposition von menschlichem Blut gegenüber 5G-Netzfrequenzen: Beeinflussen Geschlecht und Frequenz zusätzlich die Erythrozytenmorphometrie?).

* * *

Der unsichtbare Einfluss: Was ist RF-EMR?

Hochfrequente elektromagnetische Strahlung (HF-EMR) ist eine Form nichtionisierender Strahlung, die in drahtlosen Kommunikationsgeräten, einschließlich Mobiltelefonen, WLAN-Routern und Rundfunkantennen, weit verbreitet ist.
Mit der raschen Einführung des 5G-Netzes, das sich durch seine unterschiedlichen Frequenzen (700 MHz, 2500 MHz und 3500 MHz) auszeichnet, untersuchen Wissenschaftler mögliche gesundheitliche Auswirkungen, insbesondere im Zusammenhang mit der Zell- und Molekularbiologie.

Im Gegensatz zu früheren Generationen mobiler Kommunikationstechnologien verwendet 5G höhere Frequenzen, was die Wahrscheinlichkeit biologischer Einflüsse gegenüber älteren Technologien erhöht.
Die Studie befasst sich mit der Frage, wie diese

Frequenzen das Blut auf mikroskopischer Ebene beeinflussen könnten, was für das Verständnis der umfassenderen physiologischen Folgen von entscheidender Bedeutung ist.

In dieser umfassenden Untersuchung setzten Forscher menschliche Blutproben in vitro drei bekannten 5G-Frequenzen aus: 700 MHz, 2500 MHz und 3500 MHz. Die Expositionsdauer war kurz – nur zwei Stunden –, um realistische, alltägliche Expositionsszenarien zu simulieren.
Sie bewerteten die Auswirkungen auf das komplette Blutbild (CBC), die Thrombozytenaktivierung und die Erythrozytenmorphologie.

* * *

Komplettes Blutbild, Thrombozytenaktivierung und morphologische Veränderungen

Überraschenderweise zeigte die Studie keine signifikanten Veränderungen bei den CBC-Parametern, einschließlich der Leukozyten- (weiße Blutkörperchen), Erythrozyten- (rote Blutkörperchen) und Thrombozytenzahl. Auch die Thrombozytenaktivierung, die für die Blutgerinnung und die allgemeine kardiovaskuläre Gesundheit von entscheidender Bedeutung ist, zeigte nach der Exposition keine unmittelbaren Veränderungen.

Es wurden jedoch tiefgreifende Veränderungen in der Morphometrie der Erythrozyten – der Form, Größe und Membranintegrität der roten Blutkörperchen– festgestellt.

91

700-Mhz-Exposition:

- Deutliche Zunahme der Erythrozytengröße, der Membranrauheit und der Rundheit.
- Stärkere morphologische Veränderungen bei den Erythrozyten von Frauen im Vergleich zu denen von Männern.

2500-Mhz-Exposition:

- Erhöhter Konturindex und verringerte Festigkeit der Erythrozyten, insbesondere bei Frauen.

3500-Mhz-Exposition:

- Deutliche Zunahme der Unregelmäßigkeit der Erythrozytenkontur, verringerte Festigkeit und verminderte Elongation – wiederum deutlich bei Frauen.

Diese Ergebnisse unterstreichen eine kritische Geschlechterungleichheit, bei der weibliche Erythrozyten eine erhöhte Empfindlichkeit gegenüber RF-EMR aufweisen.

Die Auswirkungen der Erythrozyten auf die Gesundheit

Erythrozyten sind für den Sauerstofftransport im Körper unerlässlich, und ihre Verformbarkeit – ihre Fähigkeit, ihre Form zu ändern – ist entscheidend für eine effiziente Zirkulation durch winzige Kapillaren.

Wenn Erythrozyten ihre normale bikonkave Form verlieren und kugelförmiger oder rauer werden, wie in dieser Studie zu sehen ist, nimmt ihre Fähigkeit, Sauerstoff effizient zu transportieren, ab.

Warum ist die Form so wichtig?

- **Erhöhte Membranrauheit:**
  Dieser als Echinocytose bekannte Zustand weist auf oxidativen Stress hin, der die Zellalterung beschleunigen und die Lebensdauer der Erythrozyten verkürzen kann.

- **Vergrößerung und Rundung:**
  Diese Merkmale können die Fähigkeit der Erythrozyten beeinträchtigen, reibungslos durch enge Gefäße zu gelangen, was möglicherweise zu einer verminderten Sauerstoffversorgung des Gewebes und einer beeinträchtigten Zellfunktion führt.

Die beobachteten morphologischen Störungen deuten darauf hin, dass eine kurzzeitige HF-EMF-Exposition zu Störungen des Zytoskeletts führen könnte, d. h. das innere Gerüst der Zelle, das ihre Form und mechanische Integrität aufrechterhält, wird beeinträchtigt.

* * *

Mögliche langfristige Auswirkungen auf die Gesundheit

Die Studie ist ein wichtiges Warnsignal:

93

Während das unmittelbaren Blutbild und die Thrombozytenwerte unbeeinträchtigt zu sein scheinen, könnte der mikroskopische Strukturschaden an den Erythrozyten kumulative Folgen haben.
Eine chronische Exposition gegenüber 5G-HF-EMR könnte angesichts dieser morphologischen Veränderungen theoretisch das Risiko für Erkrankungen erhöhen, die mit einer Beeinträchtigung des Blutflusses und oxidativem Stress in Verbindung stehen, wie z. B. Herz-Kreislauf-Erkrankungen oder chronische Erschöpfungssyndrome.

Ein interessantes Untersuchungsfeld würde auch das Zusammenwirken von Exposition gegenüber 5G-Hochfrequenzstrahlung und Infraschall von Windrädern darstellen.
TKP hat kürzlich über die Erkenntnisse der Fachärztin Dr. Ursula Maria Bellut-Staeck berichtet, die zeigt, dass der Infraschall auf die Blutgefäße wirkt durch die sogenannte *„endotheliale Mechanotransduktion" die den „ungestörten Ablauf lebenswichtiger Funktionen wie Wachstum, Blutdruckregulation, Entzündungsablauf und Embryogenese"* negativ beeinflussen können.

Link hierzu:
https://tkp.at/2025/02/19/windraeder-produzieren-die-gesundheit-von-mensch-und-tier-schaedigenden-infraschall/

Titel und Textausschnitt:
Windräder produzieren die Gesundheit von Mensch und Tier schädigenden Infraschall
Strom von Windrädern wird gerne als sauber und billig hingestellt. 94

Er ist weder das eine noch das andere und schadet der Gesundheit von Mensch und Tier sogar auf vielfältige Weise. Hier ist wie der von Windrädern erzeugte Infraschall alles Leben bedroht.

* * *

Erhebliche Unterschiede bei den Geschlechtern

Interessanterweise hebt die Studie geschlechtsspezifische Anfälligkeiten hervor:

- Die Erythrozyten von Frauen zeigten eine größere morphometrische Empfindlichkeit. Eine plausible Erklärung bezieht sich auf hormonelle Unterschiede, die die Fluidität und Widerstandsfähigkeit der Erythrozytenmembran beeinflussen.

- Die Erythrozyten von Männern wiesen eine bemerkenswerte Rauheit der Membran auf, aber weniger Formverzerrungen, was möglicherweise auf Unterschiede in der Membranlipidzusammensetzung oder der durch Testosteron beeinflussten Proteindynamik des Zytoskeletts zurückzuführen ist.

Diese geschlechtsspezifische Unterscheidung unterstreicht die Bedeutung personalisierter Ansätze für das Verständnis und die Minderung von RF-EMR-Risiken.

Warnung vor Handystrahlung: Neue Risiken bei der Nutzung von 5G in ländlichen Gebieten entdeckt

Link hierzu:
https://tkp.at/2025/03/07/warnung-vor-handystrahlung-neue-risiken-bei-der-nutzung-von-5g-in-laendlichen-gebieten-entdeckt/
Autor: Dr. Peter F. Mayer

Eine bahnbrechende Studie von Forschern des Schweizerischen Tropen- und Public Health-Instituts (Swiss TPH) hat eine beunruhigende neue Dimension der Strahlenrisiken durch 5G-Netze aufgedeckt, insbesondere für Handynutzer in ländlichen Gebieten.

Entgegen der allgemeinen Annahme kann die Nutzung von Smartphones in ländlichen Gebieten – insbesondere beim Hochladen von Inhalten wie Videos oder Fotos – zu einer deutlich höheren Strahlenbelastung durch hochfrequente elektromagnetische Felder (HF-EMF) führen als in städtischen Umgebungen. Der Grund ist einfach, aber alarmierend:
In ländlichen Gebieten mit weniger Mobilfunkmasten muss ein Smartphone viel härter arbeiten und mit höheren Leistungspegeln senden, um eine Verbindung aufrechtzuerhalten.

Für Menschen, die in der Stadt leben und von Mobilfunkmasten umgeben sind, ist die höhere Strahlenbelastung durch Mobilfunkstrahlung ein echtes Problem.

Laut einer aktuellen Studie unter der Leitung von Adriana Fernandes Veludo vom Schweizerischen Tropen- und Public Health-Institut könnte die Strahlenbelastung jedoch tatsächlich verringert werden, wenn man von zahlreichen Mobilfunkmasten umgeben ist.

Der Titel der Studie lautet „Exploring RF-EMF levels in Swiss microenvironments: An evaluation of environmental and auto-induced downlink and uplink exposure in the era of 5G" (Untersuchung der HF-EMF-Werte in Schweizer Mikroumgebungen:
Eine Bewertung der umwelt- und autoinduzierten Downlink- und Uplink-Exposition im Zeitalter von 5G).

Link hierzu:
https://www.sciencedirect.com/science/article/pii/S001393512402454X

Titel:
Exploring RF-EMF levels in Swiss microenvironments: An evaluation of environmental and auto-induced downlink and uplink exposure in the era of 5G

In deutsch:
Erforschung der RF-EMF-Werte in Schweizer Mikroumgebungen: Eine Bewertung der umwelt- und autoinduzierten Downlink- und Uplink-Exposition in der Ära von 5G

Aus dem Inhalt:
Höhepunkte

- *Es wurde ein neues Protokoll zur Messung von*

97

umweltbedingten und selbst verursachten RF-EMF-Werten erstellt.

- *Die umweltbedingten RF-EMF wurden hauptsächlich den Downlink-Frequenzbändern zugeordnet.*

- *Die Induzierung von Downlink- und Uplink-Verkehr erhöhte die RF-EMF-Expositionswerte erheblich.*

- *Auto-induzierte Downlink-Exposition wurde hauptsächlich dem 5G-Band bei 3,5 GHz zugeschrieben.*

Mehr dazu unter o.g. Link.

Die Studie wurde im Rahmen des Projekts GOLIAT durchgeführt.
Die Forscher führten Messungen in zwei Schweizer Großstädten (Zürich und Basel) und drei ländlichen Dörfern (Hergiswil, Willisau und Dagmersellen) durch.

Die Studie ergab, dass 5G-Nutzer auf dem Land beim Hochladen von Inhalten einer durchschnittlichen Strahlenbelastung von 29 Milliwatt pro Quadratmeter (mW/m²) ausgesetzt sind.
Diese Zahl ist **fast dreimal so hoch** wie der von der Weltgesundheitsorganisation empfohlene Sicherheitsgrenzwert von 10 mW/m² und **fast doppelt so hoch** wie die in Städten gemessene durchschnittliche Strahlenbelastung (16 mW/m²).

Warum erhöht die Nutzung auf dem Land die Strahlung?

In Gebieten mit wenigen Mobilfunkmasten müssen Telefone ihre Signale erheblich verstärken, um effektiv kommunizieren zu können.

Dieser höhere Stromverbrauch erhöht direkt die Exposition der Benutzer gegenüber potenziell schädlichen Strahlungswerten.

Forscher stellten das Paradoxon fest: Weniger Masten könnten zwar insgesamt eine geringere Umweltexposition bedeuten, erhöhen jedoch die Strahlung, die vom persönlichen Gerät des Benutzers ausgeht, dramatisch.

Darüber hinaus wiesen die Forscher auf eine entscheidende Einschränkung hin: Ihre Messungen wurden durchgeführt, während das Telefon etwa 30 cm von ihren Messgeräten entfernt gehalten wurde.

In der Praxis werden Telefone jedoch viel näher am Körper gehalten, sodass die tatsächliche Strahlenbelastung des Benutzers bis zu **zehnmal höher** sein könnte als angegeben.

Die Wissenschaft hinter dem Risiko

Moderne wissenschaftliche Erkenntnisse, darunter umfangreiche Studien wie das U.S. National Toxicology Program (NTP), haben bestätigt, dass HF-Strahlung auch bei Werten weit unter denen, die eine Erwärmung verursachen, noch erhebliche biologische Auswirkungen haben kann, wie z. B. DNA-Schäden und oxidativen Stress.

Der derzeitige Standard, der nur die thermische Wirkung

berücksichtigt, ignoriert diese Risiken und setzt möglicherweise Millionen von Menschen unnötigen Schäden aus.

Die Swiss-TPH-Studie unterstreicht die dringende Notwendigkeit aktualisierter Sicherheitsrichtlinien, die die realen Nutzungsbedingungen und moderne wissenschaftliche Erkenntnisse widerspiegeln:

- Überarbeitung der Sicherheitsgrenzwerte

- Ausbau der unabhängigen

- Forschungsfinanzierung, um die langfristigen gesundheitlichen Auswirkungen von 5G und zukünftigen Technologien zu untersuchen.

- Förderung und Einführung sichererer Alternativen wie Li-Fi (lichtbasierte Kommunikation) und Glasfaseroptik, um die HF-Exposition drastisch zu reduzieren.

Wie 5G-Strahlung die Gesundheit der Zell-Kraftwerke stören kann

Link hierzu:
https://tkp.at/2025/03/14/wie-5g-strahlung-die-gesundheit-der-zell-kraftwerke-stoeren-kann/
Autor: Dr. Peter F. Mayer

Der Ausbau der 5G-Technologie wird massiv forciert und gefördert. Mögliche gesundheitliche Schäden werden heruntergespielt, obwohl sie von immer mehr Studien nachgewiesen werden.

Die Sicherheitsdebatte um die 5G-Technologie konzentriert sich oft darauf, ob die Strahlenbelastung die seit langem geltenden Sicherheitsgrenzwerte für drahtlose Geräte **überschreitet**.
Neue Erkenntnisse deuten jedoch darauf hin, dass selbst Expositionswerte, die weit unter den aktuellen Sicherheitsrichtlinien liegen, grundlegende zelluläre Funktionen verändern können – insbesondere in den Mitochondrien, den Kraftwerken unserer Zellen.

Eine aktuelle Studie, die die chronische Exposition gegenüber einem 5G-3,5-GHz-Signal untersuchte, fand eine signifikante Hochregulierung mitochondrialer Gene im Gehirn, obwohl die spezifische Absorptionsrate (SAR) nur 0,43 W/kg betrug – weit unter dem festgelegten Sicherheitsgrenzwert von 1,6 W/kg für Mobilgeräte.

Dies wirft eine entscheidende Frage auf:
Wenn die mitochondriale Aktivität bei einer so geringen

Exposition im Gehirn verändert wird, könnten dann ähnliche Veränderungen im gesamten Körper auftreten und möglicherweise die Stoffwechselfunktion auf systemischer Ebene stören?

Link hierzu:
https://www.mdpi.com/1422-0067/26/6/2459

Titel:
Repeated Head Exposures to a 5G-3.5 GHz Signal Do Not Alter Behavior but Modify Intracortical Gene Expression in Adult Male Mice

In Deutsch:
Wiederholte Exposition des Kopfes bei einem 5G-3,5 GHz-Signal verändert nicht das Verhalten, aber die intrakortikale Genexpression bei erwachsenen männlichen Mäusen

Kurzer Ausschnitt aus dem Text:
Zusammenfassung
Die fünfte Generation (5G) der mobilen Kommunikation fördert die Exposition des Menschen gegenüber elektromagnetischen Feldern, die das 3,5-GHz-Frequenzband nutzen.
Wir analysierten das Verhalten, die kognitiven Funktionen und die Genexpression bei Mäusen, die einer asymmetrischen Exposition des Kopfes mit einem 5G-modulierten 3,5 GHz-Signal ausgesetzt waren.
Die Exposition erfolgte für 1 Stunde täglich, 5 Tage pro Woche über einen Zeitraum von sechs Wochen, bei einer spezifischen Absorptionsrate (SAR) von durchschnittlich 0,19 W/kg über dem Gehirn.

Die Studie von Julie Lameth et al mit dem Titel *„Repeated Head Exposures to a 5G-3.5 GHz Signal Do Not Alter Behavior but Modify Intracortical Gene Expression in Adult Male Mice"* (Wiederholte Exposition des Kopfes gegenüber einem 5G-3,5-GHz-Signal verändert nicht das Verhalten, sondern modifiziert die intrakortikale Genexpression bei erwachsenen männlichen Mäusen) wurde am 10. März 2025 veröffentlicht.

Link hierzu:
https://www.mdpi.com/1422-0067/26/6/2459

* * *

Mitochondrien: Die Kraftzentren des Lebens

Mitochondrien sind für die Produktion der Energiewährung des Körpers, Adenosintriphosphat (ATP), durch oxidative Phosphorylierung verantwortlich. Diese Organellen regulieren wichtige zelluläre Funktionen, darunter:

- **Energiestoffwechsel**: Umwandlung von Nährstoffen in nutzbare zelluläre Energie.

- **Management reaktiver Sauerstoffspezies (ROS):** Kontrolle von oxidativem Stress und Verhinderung von Zellschäden.

- **Zelluläre Signalübertragung:** Regulierung von Apoptose (programmierter Zelltod), Entzündungen und Immunreaktionen.

- **Hormonhaushalt:**
  Beeinflussung der Stoffwechselgesundheit durch Wechselwirkungen mit Insulin und anderen Hormonen.

Aufgrund ihrer grundlegenden Rolle bei der Aufrechterhaltung des Lebens kann jede Störung der Mitochondrienfunktion weitreichende Folgen haben und möglicherweise zu Stoffwechselstörungen, neurodegenerativen Erkrankungen, Herz-Kreislauf-Problemen und sogar zu beschleunigter Alterung führen.

Die jüngste Studie ergab, dass eine chronische Exposition gegenüber 5G-Strahlung zu einer erhöhten Expression mitochondrialer Gene im Gehirn führt. Dies deutet darauf hin, dass die Mitochondrien gezwungen sind, härter zu arbeiten, möglicherweise als Ausgleichsmechanismus, um oxidativem Stress oder zellulären Schäden durch Hochfrequenzstrahlung entgegenzuwirken.

Die wichtigsten Erkenntnisse aus der Studie:
- Die Hochregulierung mitochondrialer Gene trat bei SAR-Werten von nur 0,43 W/kg auf.

- Dies liegt deutlich unter dem für Mobilgeräte festgelegten Sicherheitsgrenzwert von 1,6 W/kg.

- Wenn die Mitochondrien im Gehirn auf die Exposition reagieren, kann dies auch im gesamten Körper der Fall sein.

Während das Gehirn im Mittelpunkt der Studie stand, sind Mitochondrien in fast jeder Zelle des Körpers vorhanden, was bedeutet, dass ähnliche Effekte in anderen Organen auftreten könnten, darunter:

- **Muskeln**:
  Störung der Energieproduktion und Müdigkeit oder Schwäche.

- **Herz**:
  Veränderung der Herz-Kreislauf-Funktion durch Erhöhung von oxidativem Stress und Entzündungen.

- **Leber und Nieren:**
  Beeinträchtigung der Entgiftung und Stoffwechselregulation.

- **Fortpflanzungsorgane**: Beeinträchtigung der Hormonproduktion und Fruchtbarkeit.

* * *

Mögliche Auswirkungen auf die menschliche Gesundheit

Wenn 5G-Strahlung mitochondrialen Stress bei Werten unterhalb der Sicherheitsrichtlinien auslösen kann, könnten die langfristigen Auswirkungen auf den Stoffwechsel tiefgreifend sein.
Chronische mitochondriale Dysfunktion wurde mit zahlreichen Gesundheitszuständen in Verbindung gebracht, darunter:

- **Stoffwechselstörungen**: Eine beeinträchtigte Mitochondrienfunktion ist ein entscheidender Faktor für Fettleibigkeit, Insulinresistenz und Typ-2-Diabetes.

- **Neurodegenerative Erkrankungen**: Mitochondrialer Stress wird mit Alzheimer, Parkinson und anderen kognitiven Störungen in Verbindung gebracht.

- **Krebs**: Mitochondrien spielen eine Rolle bei der Regulierung des Zellwachstums und der Apoptose; chronischer Stress könnte möglicherweise zu einer abnormalen Zellproliferation beitragen.

- **Herz-Kreislauf-Erkrankungen**: Erhöhter oxidativer Stress durch mitochondriale Dysfunktion kann zu Herzerkrankungen und Bluthochdruck führen.

Angesichts dieser Bedenken ist es von entscheidender Bedeutung, dass wir überdenken, wie wir die Sicherheit der HF-Exposition bewerten.
Aktuelle Richtlinien bewerten in erster Linie die thermischen Auswirkungen der Strahlung (wie stark sie Gewebe erhitzt), aber diese Studie deutet darauf hin, dass nicht-thermische biologische Auswirkungen – wie mitochondrialer Stress – bei viel niedrigeren Werten auftreten als bisher angenommen.

Überdenken der Sicherheitsstandards für drahtlose Geräte

Die Ergebnisse zur mitochondrialen Hochregulierung legen nahe, dass Regulierungsbehörden die Festlegung von Richtlinien zur Sicherheit von Funkfrequenzen neu überdenken sollten. Wenn biologischer Stress bei 0,43 W/kg auftritt – weit unter dem Schwellenwert von 1,6 W/kg – dann unterschätzen die aktuellen Sicherheitsstandards möglicherweise die tatsächlichen Auswirkungen einer langfristigen Exposition.

Die Hochregulierung mitochondrialer Gene als Reaktion auf eine geringe 5G-Exposition stellt die langjährige Annahme in Frage, dass drahtlose Strahlung unterhalb der Sicherheitsschwellen biologisch inert ist.
Wenn Mitochondrien – die eigentlichen Motoren unserer Zellen – in den Notbetrieb gezwungen werden, müssen wir uns fragen:

Welche langfristigen Folgen hat dies für die Stoffwechselgesundheit?
Tatsache ist, dass eine HF-Exposition in der heutigen Welt unvermeidlich ist. Doch so wie wir einst die gesundheitlichen Auswirkungen von Bleiexposition, Zigarettenrauch und Luftverschmutzung neu bewertet haben, sollten wir jetzt die biologischen Auswirkungen einer chronischen elektromagnetischen Exposition überdenken.
Da wir uns immer tiefer in das drahtlose Zeitalter hineinbewegen, ist es jetzt an der Zeit für proaktive Forschung und Vorsichtsmaßnahmen – nicht erst in Jahrzehnten, wenn der Schaden bereits angerichtet ist.

Sicherheit von 5G Mobilfunk genauso unbewiesen bei bei mRNA-Präparaten

Link hierzu:
https://tkp.at/2025/03/17/sicherheit-von-5g-mobilfunk-genauso-unbewiesen-bei-bei-mrna-praeparaten/
Autor: Dr. Peter F. Mayer

Ist es Zufall, dass die EU seit 2020 sowohl bei 5G als auch bei den mRNA-Präparaten die Sicherheit gegenüber gesundheitlichen Schäden propagiert. Bei beiden zeigen aber immer mehr Studien, dass dies nicht stimmt.

Trotz unzureichender Sicherheitsdaten und wachsender Beweise für biologische Auswirkungen werden 5G und andere drahtlose Technologien unkontrolliert eingesetzt, wobei Unternehmensinteressen Vorrang vor der öffentlichen Gesundheit haben.

Alles genauso wie bei der Pharmaindustrie.

TKP hat nicht nur über die erdrückenden Beweise der Schäden durch die Corona-mRNA-Präparate berichtet, auch bei 5G mehren sich mittlerweile die Studien – siehe weitere TKP Berichte zum Thema unterhalb des Artikels. Auch die McCullough Foundation greift das Thema mittlerweile auf.

Link hierzu:

https://www.thefocalpoints.com/p/the-5g-safety-myth-assumed-safe-not

Titel:

Der Mythos der 5G-Sicherheit: Angenommene Sicherheit, nicht bewiesene Sicherheit

Die in Frontiers in Public Health veröffentlichte Studie von Julie E. McCredden et al mit dem Titel
„The assumption of safety is being used to justify the rollout of 5G technologies"
(Die Annahme der Sicherheit wird zur Rechtfertigung der Einführung von 5G-Technologien herangezogen) untersucht die vorhandene Sicherheitsliteratur zur drahtlosen Kommunikationstechnologie der fünften Generation (5G).

Die Annahme der Sicherheit bei der Einführung von 5G

Die Studie argumentiert, dass die Einführung von 5G auf der Annahme der Sicherheit und nicht auf schlüssigen wissenschaftlichen Beweisen beruht.

Link hierzu:
https://www.frontiersin.org/journals/public-health/
articles/10.3389/fpubh.2023.1058454/full#B4

Titel:
Die Übernahme der Sicherheit wird genutzt, um die Einführung von 5G-Technologien zu rechtfertigen Regierungs- und Industrievertreter haben wissenschaftliche Ungewissheit fälschlicherweise als Hinweis darauf interpretiert, dass keine Risiken bestehen.

Das Fehlen langfristiger Gesundheitsdaten zur 5G-Millimeterwellen-Exposition wird als Rechtfertigung für eine flächendeckende Einführung herangezogen und nicht als Grund zur Vorsicht.

* * *

Biologische und gesundheitliche Risiken der 5G-Millimeterwellen-Exposition

Die Studie hebt Erkenntnisse aus der vorhandenen Literatur hervor, die auf biologische Auswirkungen hinweisen, darunter:

- **Oxidativer Stress** – Erhöhte Produktion reaktiver Sauerstoffspezies, die zu Entzündungen und Zellschäden führen können.

- **Auswirkungen auf das Immunsystem** – Mögliche Auswirkungen auf die Immunfunktion, die Bedenken hinsichtlich biologischer Reaktionen auf eine langfristige Exposition aufwerfen.

- **Genotoxizität** – In einigen Studien wurden Hinweise auf DNA-Schäden gefunden, die Ergebnisse sind jedoch nicht durchgängig konsistent.

- **Neurologische Auswirkungen** – Einige Forschungsarbeiten deuten auf mögliche Veränderungen der neuronalen Aktivität hin, die weitere Untersuchungen rechtfertigen.

- **Zellzerstörung** – Erhöhte Durchlässigkeit der Zellmembran, die verschiedene biologische Prozesse beeinflussen kann.

* * *

Mängel in bestehenden Sicherheitsüberprüfungen

Die Studie identifiziert Vorurteile und logische Fehler in behördlichen Bewertungen, die potenzielle Risiken herunterspielen:

- **Fehlerhafte Analogie** – Vergleich der 5G-mm-Wellen-Exposition mit kurzfristigen Expositionen wie Flughafenscannern, wobei wichtige Unterschiede in Frequenz, Modulation und Dauer ignoriert werden.

- **Ablenkungsmanöver** – Es wird betont, dass mm Wellen nur wenige Millimeter in die Haut eindringen, während ihre potenziellen

- systemischen Auswirkungen über Nerven- und Immunbahnen übersehen werden.

- **Appell an die Unwissenheit** – Die Schlussfolgerung, dass 5G sicher sein muss, weil kein endgültiger Schaden nachgewiesen wurde, anstatt anzuerkennen, dass die Sicherheit nicht nachgewiesen wurde.

Bedenken hinsichtlich der regulatorischen und wissenschaftlichen Integrität

- **Einfluss der Industrie** – Viele Sicherheitsbewertungen basieren auf Überprüfungen, die überproportional häufig von der Industrie finanzierte Studien zitieren, die tendenziell weniger Nebenwirkungen melden.

- **ICNIRP-Richtlinien** – Die Internationale Kommission für den Schutz vor nichtionisierender Strahlung (ICNIRP) konzentriert sich hauptsächlich auf thermische Effekte und ignoriert mögliche nichtthermische biologische Effekte.

- **Mangel an Transparenz** – Viele relevante Studien, die biologische Effekte belegen, wurden aus wichtigen Sicherheitsüberprüfungen ausgeschlossen, was den Umfang der Risikobewertung einschränkt.

* * *

Aufruf zu Vorsichtsmaßnahmen

- **Unabhängige Forschung** –
  Die Studie fordert eine gründliche, unabhängige Forschung, um die langfristigen gesundheitlichen Auswirkungen von 5G richtig zu bewerten.

- **Neubewertung der Sicherheitsstandards** –
  Die aktuellen Richtlinien müssen sowohl thermische als auch nicht-thermische Effekte berücksichtigen, um einen angemessenen Schutz der Öffentlichkeit zu gewährleisten.

- **Vorsorgeprinzip** –
  Angesichts der begrenzten, aber besorgniserregenden Beweise für biologische Auswirkungen sollten die Richtlinien der Sicherheit Vorrang einräumen, anstatt auf den endgültigen Nachweis von Schäden zu warten.

- **Öffentliche Aufmerksamkeit** –
  Es ist mehr Transparenz bei der Vermittlung des aktuellen wissenschaftlichen Kenntnisstands über die Risiken von 5G erforderlich.

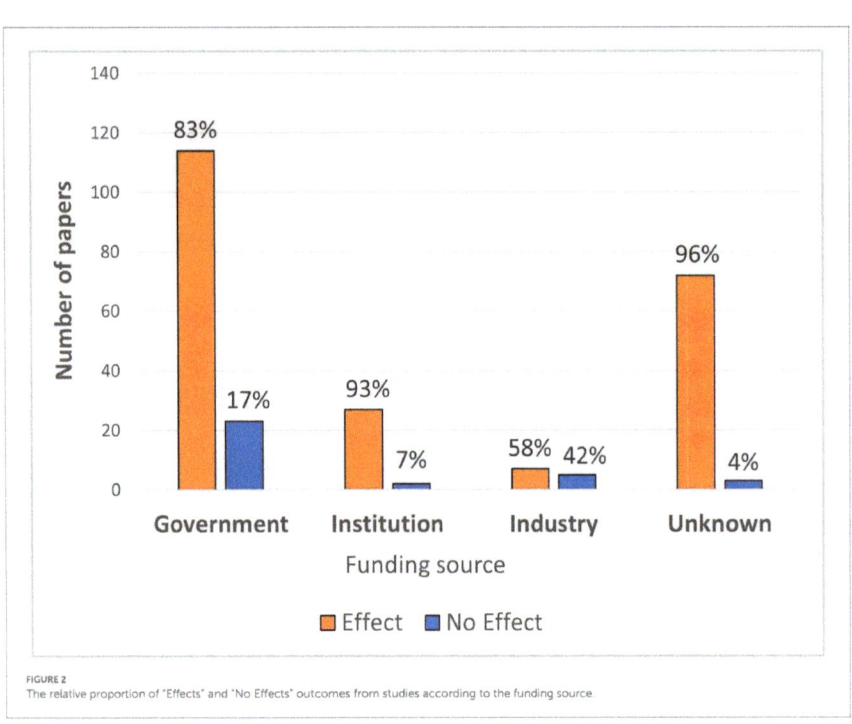

FIGURE 2
The relative proportion of "Effects" and "No Effects" outcomes from studies according to the funding source

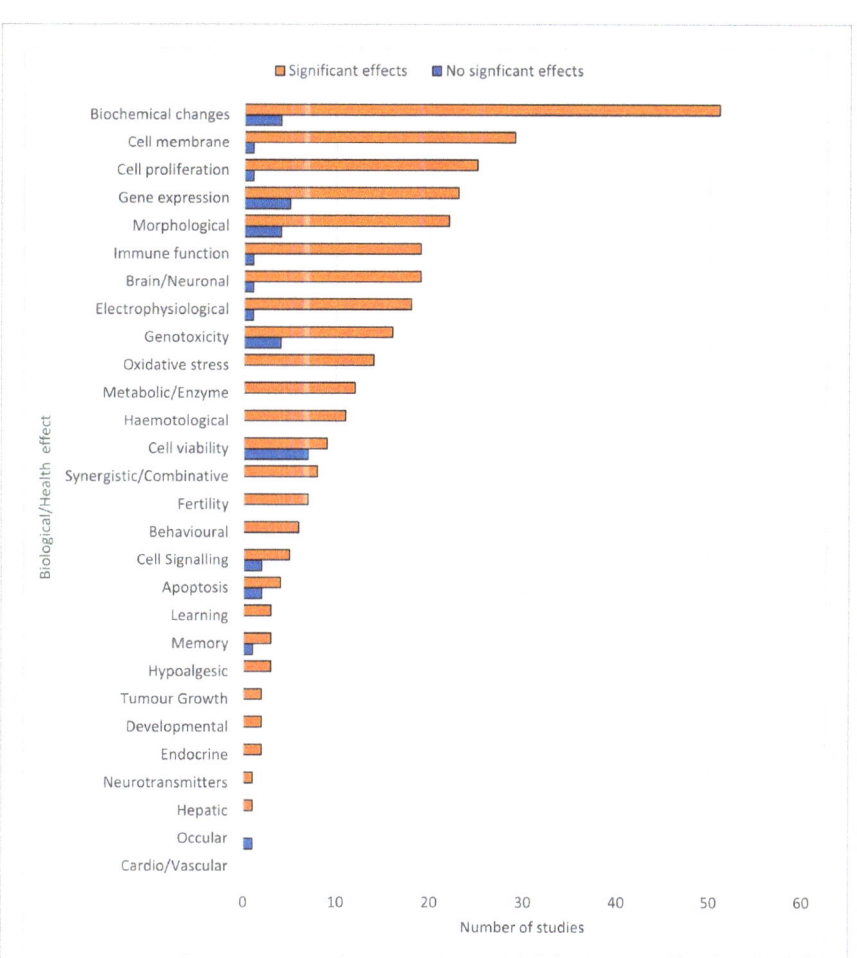

FIGURE 1

The main biological and health categories present in the mmWave experimental (i.e., *in vitro* and *in vivo*) literature base, and within each category, the number of papers producing effects vs. the number of papers resulting in no significant effects. The total number of studies is greater than the total number of papers because any given paper may have conducted more than one study and investigated more than one biological effect.

115

Wie die Autoren abschließend feststellen,

steigen die potenziellen langfristigen Gesundheitsrisiken durch globale EMF weiter an, da die Exposition in der bebauten Umwelt mit der Zeit und der Dichte zunimmt. Die Menschheit hat sich dafür entschieden, die Rechtfertigung für diese Einführung auf wackelige Grundlagen zu stützen, wobei nur ein minimales Verständnis für die Auswirkungen der Einführung neuer Funkfrequenzen in die Umwelt auf die langfristige Gesundheit von Mensch und Planet besteht.

Dies bestätigt eine Studie von Kostoff et al. über die SAP hier ausführlicher berichtete.

Links hierzu:
https://pubmed.ncbi.nlm.nih.gov/31991167/

Titel:
Negative gesundheitliche Auswirkungen der 5G-Mobilfunknetztechnologie unter realen Bedingungen

Link hierzu
https://tkp.at/2024/11/13/nutzen-und-gefahren-des-5g-mobilfunks-teil-2/
Den vollständigen Bericht lesen Sie in diesem Buch auf Seite 75.

Sie stellte kritische Mängel in Studien zur Sicherheit von drahtloser Strahlung fest und vor verschiedenen gesundheitsschädlichen Auswirkungen von 5G-Technologien warnte.

Hier nochmals die Kurzfassung:

- Die meisten Laborversuche waren nicht darauf ausgelegt, die schwerwiegenderen negativen Auswirkungen zu ermitteln, die die realen Bedingungen widerspiegeln.

- Viele Versuche beinhalten nicht die reale Pulsierung und Modulation des Trägersignals.

- Die überwiegende Mehrheit der Versuche berücksichtigt nicht die synergistischen negativen Auswirkungen anderer toxischer Reize in Verbindung mit drahtloser Strahlung.

- Die 5G-Mobilfunktechnologie wird nicht nur Auswirkungen auf Haut und Augen haben, sondern auch systemische Nebenwirkungen.

Eine der individuellen Möglichkeiten die unmittelbare 5G-Exposition einzuschränken, ist den Netztyp am eignen Smartphone auf 4G festzulegen.
Ebenso sollte man trachten, die WLAN-Strahlungs-exposition zu verringern.
Man kann das Gerät so einstellen, dass nur die geringere Frequenz genutzt wird und dass es vor allem zur Schlafenszeit komplett abgeschaltet wird.

Literatur dazu:
5G-Wahnsinn: Die Risiken des Mobilfunks – Das gefährliche Spiel mit den Grenzwerten – Die strahlungsarmen Alternativen

5G: Die geheime Gefahr: Wie uns der neue Mobilfunk krank macht und wie wir uns schützen können (GU Gesundheit)

Wie 5G-Funkfrequenz braunes Fett und die Thermoregulation stört

Link hierzu:
https://tkp.at/2025/03/28/wie-5g-funkfrequenz-braunes-fett-und-die-thermoregulation-stoert/
Autor: Dr. Peter F. Mayer

Die Einführung der 5G-Technologie hat ultraschnelle Geschwindigkeiten, nahtlose Konnektivität und Fortschritte in der digitalen Kommunikation versprochen. Mit diesem Technologiesprung geht jedoch eine wachsende Besorgnis einher – welche biologischen Auswirkungen hat die kontinuierliche Exposition gegenüber 5G-Hochfrequenzstrahlung?

Während die Industrie uns ihre Sicherheit versichert, deuten neuere Forschungsergebnisse darauf hin, dass 5G grundlegende physiologische Prozesse auf eine Weise stören könnte, die wir nie erwartet hätten.
Eine kürzlich im International Journal of Molecular Sciences veröffentlichte Studie mit dem Titel „5G Radiofrequency Exposure Reduces PRDM16 and C/EBP β mRNA Expression, Two Key Biomarkers for Brown Adipogenesis" (5G-Hochfrequenzstrahlung reduziert die PRDM16- und C/EBP-β-mRNA-Expression, zwei Schlüssel-Biomarker für die braune Adipogenese) eine weitere wichtige Veränderung von Körperfunktionen.

Link hierzu:
https://www.mdpi.com/1422-0067/26/6/2792

Titel und Textauszug:
5G Hochfrequenz-Exposition reduziert PRDM16 und C/EBP β mRNA-Expression, zwei Schlüssel-Biomarker für braune Adipogenese

Zusammenfassung
Die weit verbreitete Nutzung drahtloser Technologien hat in der Öffentlichkeit Besorgnis über die biologischen Auswirkungen der Hochfrequenz (HF)-Belastung ausgelöst. Kinder haben im Vergleich zu Erwachsenen eine höhere spezifische Absorptionsrate (SAR) von Strahlungsenergie.
Außerdem ist das braune Fettgewebe (BAT) bei Säuglingen stärker ausgeprägt und nimmt mit zunehmendem Alter tendenziell ab. In früheren Tierstudien wurde bei Ratten, die bei 900 MHz (zweite Generation, 2G) exponiert wurden, ein Kälteempfinden festgestellt.

5G-Hochfrequenzstrahlung reduziert die PRDM16- und C/EBP-β-mRNA-Expression – zwei wichtige Biomarker, die an der Differenzierung des braunen Fettgewebes (BVT) und der Thermogenese beteiligt sind – signifikant. Dies bedeutet, dass die Exposition gegenüber 5G die Fähigkeit des Körpers, Wärme zu erzeugen, beeinträchtigen kann, was sich auf die Thermoregulation auswirkt und Menschen möglicherweise kälteempfindlicher macht.

Was ist braunes Fettgewebe (BFG) und warum ist es wichtig?
Braunes Fettgewebe (BAT), allgemein als „braunes Fett" bekannt, spielt eine entscheidende Rolle bei der nicht

zitternden Thermogenese – einem Prozess, der es dem Körper ermöglicht, ohne Muskelkontraktionen Wärme zu erzeugen.
Im Gegensatz zu weißem Fett, das Energie speichert, verbrennt braunes Fett Kalorien, um die Körpertemperatur aufrechtzuerhalten, insbesondere in kalten Umgebungen.

Schlüsselfunktionen von braunem Fett:

- Thermoregulation: Hält die Körperwärme bei Kälte aufrecht.

- Stoffwechselgesundheit: Steht im Zusammenhang mit einem erhöhten Energieverbrauch und einem verringerten Adipositasrisiko.

- Hormonelle Regulation: Spielt eine Rolle bei der Insulinempfindlichkeit und der metabolischen Homöostase.

BAT ist bei Säuglingen und Kleinkindern häufiger, nimmt aber mit zunehmendem Alter ab. Seine Rolle bleibt jedoch lebenslang von entscheidender Bedeutung, insbesondere bei der Anpassung an Kälte und der Stoffwechselfunktion.
Jede Störung ihrer Aktivität könnte tiefgreifende Folgen für die Gesundheit und den Energiehaushalt haben.

5G-Exposition und ihre Auswirkungen auf die BAT-Thermogenese – die wichtigsten Ergebnisse der Studie
Die Studie untersuchte, wie sich die Exposition

gegenüber 5G (3,5 GHz) und 2G (900 MHz) HF-Strahlung auf die Funktion der BAT bei jugendlichen und jungen erwachsenen Wistar-Ratten auswirkt.
Die Tiere wurden in drei Gruppen eingeteilt:

1. 5G-Expositionsgruppe (3,5 GHz, 1,5 V/m)

2. 2G-Expositionsgruppe (900 MHz, 1,5 V/m)

3. Kontrollgruppe (keine HF-Exposition)

Jede Gruppe wurde eine oder zwei Wochen lang, zwei Stunden pro Tag, den jeweiligen HF-Frequenzen ausgesetzt.
Nach dem Expositionszeitraum führten die Forscher eine RT-qPCR-Analyse durch, um Veränderungen der genetischen Marker zu untersuchen, die an der Thermogenese und Adipogenese der BAT beteiligt sind.

Herunterregulierung von PRDM16 und C/EBP β: Ein Warnsignal

Die Ergebnisse zeigten eine signifikante Verringerung der PRDM16- und C/EBP β-mRNA-Spiegel nach 5G-Exposition:

- Die PRDM16-mRNA-Spiegel sanken um 49 % (p = 0,016).

- Die C/EBP β-mRNA-Spiegel sanken um 32 % (p = 0,0002).

Diese beiden Biomarker sind für die Funktion des braunen Fettgewebes von entscheidender Bedeutung:

- PRDM16 ist ein Hauptregulator der Differenzierung von braunem Fett und erhält dessen thermogene Identität aufrecht.

- C/EBP β spielt eine Rolle in der frühen Phase der braunen Adipogenese und ist für die Entwicklung brauner Fettzellen unerlässlich.

Eine Verringerung dieser Marker deutet darauf hin, dass 5G-Exposition die Entwicklung und Funktion von braunem Fett beeinträchtigen und die Fähigkeit des Körpers, Wärme zu erzeugen, verringern könnte.

Das Gesamtbild: Wie sich 5G-Exposition auf die menschliche Gesundheit auswirken könnte

Obwohl diese Studie an Ratten durchgeführt wurde, sind ihre Auswirkungen auf die menschliche Gesundheit erheblich.
Hier sind die Gründe dafür:

1. Erhöhte Kälteempfindlichkeit
Wenn die 5G-Exposition die Thermogenese des braunen Fetts reduziert, können Personen – insbesondere Kinder – empfindlicher auf Kälte reagieren.
Dies könnte Auswirkungen auf Menschen haben, die in kälteren Klimazonen leben, in denen das braune Fett eine entscheidende Rolle bei der Aufrechterhaltung der Körperwärme spielt.

2. Mögliche Zusammenhänge mit Stoffwechselstörungen

Die Aktivität des braunen Fetts ist eng mit der Stoffwechselgesundheit verbunden. Eine beeinträchtigte BAT-Funktion wurde mit Adipositas, Insulinresistenz und Typ-2-Diabetes in Verbindung gebracht. Wenn die 5G-Exposition die BAT stört, könnte dies zu Stoffwechselungleichgewichten beitragen, die das Risiko für diese Erkrankungen erhöhen.

3. Gestörte Energiebilanz und Fettspeicherung

Da braunes Fett Energie verbrennt, könnte eine Einschränkung seiner Funktion zu einem geringeren Energieverbrauch und einer erhöhten Fettansammlung führen. Mit der Zeit könnte dies zu einer Gewichtszunahme und anderen Stoffwechselproblemen beitragen.

4. Auswirkungen auf die Entwicklung von Säuglingen und Kindern

Kinder haben im Vergleich zu Erwachsenen eine höhere spezifische Absorptionsrate (SAR) von HF-Strahlung, was auf ihre dünneren Schädel und sich entwickelnden Gewebe zurückzuführen ist. Da braunes Fett bei Kindern häufiger vorkommt, könnten die Auswirkungen der 5G-Exposition auf die Thermogenese bei jüngeren Bevölkerungsgruppen stärker ausgeprägt sein.

Überblick über gesundheitliche Auswirkungen von hochfrequenter Strahlung

Autor: Dr. Peter F. Mayer

Smartphones sind allgegenwärtig geworden und damit die Strahlung von den Basisstationen und den Geräten selbst. Derzeit halten wir bei 5G, einem Netz das technisch-physikalisch und von der Anwendung mit den Anfängen nichts mehr zu tun hat.
Dichte und hohe Frequenzen stellen gesundheitliche Gefahren wie bisher noch nicht gekannt dar.

In einem Dokument des EU Parlaments vom 11.2.2020 wird festgestellt, dass die Anzahl der Basisstationen und anderer Geräte mit höherfrequenten Signalen deutlich zunehmen wird.

Link hierzu:
https://www.europarl.europa.eu/thinktank/de/document/ EPRS_BRI(2020)646172

Titel und Textauszug:
Auswirkungen der drahtlosen 5G Kommunikation auf die menschliche Gesundheit

Die als 5G bezeichnete fünfte Generation der Telekommunikationstechnologien ist ein grundlegendes Element zur Verwirklichung einer europäischen Gigabit-Gesellschaft bis 2025.

Das Ziel, alle städtischen Gebiete, Schienenstrecken und Hauptverkehrsstraßen mit ununterbrochener drahtloser Kommunikation der fünften Generation zu versorgen, kann nur durch den Aufbau eines sehr dichten Netzes von Antennen und Sendern erreicht werden.
Somit wird die Anzahl der Basisstationen und anderer Geräte mit höherfrequenten Signalen deutlich zunehmen.

Die EU wurde von Wissenschaftlern und Ärzten vor den 5G-Gefahren gewarnt. Im September 2022 wurde eine Studie unter dem Titel
„The European Union prioritises economics over health in the rollout of radiofrequency technologies"
(Die Europäische Union räumt bei der Einführung von Hochfrequenztechnologien der Wirtschaftlichkeit Vorrang vor der Gesundheit ein) in der Zeitschrift Reviews on Environmental Health veröffentlicht, die einen guten Überblick über die Gefahren bietet, die von 5G ausgehen.
Die Autoren wiesen darauf hin, dass seit September 2017 über 400 Wissenschaftler und Ärzte gemeinsam sechs Appelle an die EU Kommission gerichtet haben, in denen sie ein Moratorium für die 5G-Technologie forderten. Alle wurden ignoriert.

Link hierzu:
https://www.degruyterbrill.com/document/doi/10.1515/reveh-2022-0106/html

Titel und Textauszug:
Die Europäische Union räumt bei der Einführung von Hochfrequenztechnologien der Wirtschaftlichkeit Vorrang vor der Gesundheit ein

Die fünfte Generation der Hochfrequenzkommunikation, 5G, wird derzeit weltweit eingeführt. Seit September 2017 wurde der 5G-Appell der EU sechs Mal an die EU geschickt, um ein Moratorium für die Einführung von 5G zu fordern.
Dieser Artikel gibt einen Überblick über den 5G-Appell und die nachfolgenden Antworten der EU, einschließlich des ausführlichen Anschreibens, das im September 2021 an die EU geschickt wurde und in dem strengere Richtlinien für die Exposition gegenüber hochfrequenter Strahlung (RFR) gefordert werden.

Eine wachsende Zahl von Peer-Review-Studien deutet auf einen starken Zusammenhang zwischen Handystrahlung und zahlreichen schwerwiegenden Gesundheitsrisiken hin, darunter verschiedene Formen von Krebs, DNA-Schäden, Fortpflanzungsschäden, neurologische Auswirkungen und vieles mehr. Dennoch haben es die Regierungen weitgehend versäumt, sinnvolle Schutzmaßnahmen zu ergreifen, wodurch die Öffentlichkeit in gefährlicher Weise uninformiert bleibt.

* * *

Hier sind 44 der wichtigsten und dokumentierten gesundheitlichen Auswirkungen der Mobilfunkstrahlung aufgeführt.

Krebs verstehen: Eine Einführung
Laut dem National Cancer Institute der USA (Nationales Krebsinstitut) geht Krebs mit der unkontrollierten Teilung

abnormaler Zellen einher, die häufig durch eine Schädigung des genetischen Materials einer Zelle – ihrer DNA – ausgelöst wird.

Diese Störung ermöglicht es fehlerhaften Zellen, sich zu vermehren, in benachbarte Gewebe einzudringen und Tumore zu bilden.

Zwei Arten von Hirntumoren werden besonders mit der Strahlung von Mobiltelefonen in Verbindung gebracht:

- **Gliome**: Diese aggressiven und oft tödlichen Tumore entstehen in den Gliazellen des Gehirns oder der Wirbelsäule. Die Überlebensrate nach der Diagnose liegt in der Regel zwischen einem und drei Jahren.

- **Akustikusneurinome**: Auch bekannt als vestibuläre Schwannome, sind dies langsam wachsende Tumore, die sich auf dem Nerv bilden, der vom Innenohr zum Gehirn führt. Sie sind zwar gutartig, können aber aufgrund ihrer Lage lebensbedrohlich sein.

Auswirkungen von Handystrahlung auf die Gesundheit

Zellschädigung

Eine von T-Mobile in Auftrag gegebene deutsche Studie überprüfte die weltweite Forschungsliteratur und kam zu dem Schluss, dass hochfrequente elektromagnetische Felder Schäden auf Zellebene verursachen – genau die

Art von Schäden, die zur Entstehung und Förderung von Krebs erforderlich sind.

Gliomrisiko (40 % höher)
Die Interphone-Studie ergab ein um 40 % höheres Gliomrisiko bei Nutzern, die 10 Jahre lang täglich durchschnittlich 30 Minuten telefonierten.

Tumor-Seiten-Korrelation
In derselben Studie wurde festgestellt, dass Tumore mit größerer Wahrscheinlichkeit auf der Seite des Kopfes entstehen, an der das Telefon normalerweise gehalten wird.

Überprüfung schädlicher Assoziationen
Eine Metaanalyse von 23 epidemiologischen Studien kam zu dem Schluss, dass es einen schädlichen Zusammenhang zwischen der Nutzung von Mobiltelefonen und dem Tumorrisiko gibt, insbesondere in unabhängig finanzierten, qualitativ hochwertigen Studien.

Ergebnisse der Hardell Group
Schwedische Forscher stellten ein konsistent erhöhtes Risiko für Gliome und Akustikusneurinome bei der Nutzung von Mobiltelefonen fest.

Tumore im Schläfenlappen
Eine französische Studie brachte die Nutzung von Mobiltelefonen mit Gliomen im Schläfenlappen in Verbindung, insbesondere bei städtischen und beruflichen Nutzern.

Frauen im Vereinigten Königreich und Akustikusneurinome

Eine groß angelegte Studie mit 790.000 Frauen im Vereinigten Königreich ergab, dass bei denjenigen, die über 10 Jahre lang Mobiltelefone nutzten, die Wahrscheinlichkeit, Akustikusneurinome zu entwickeln, 2,5-mal höher war.

Langfristige Nutzung von Mobiltelefonen

Eine weitere Studie bestätigte ein erhöhtes Risiko für Akustikusneurinome nach 10 Jahren Handynutzung.

Ipsilaterale Tumore

Bei der Auswertung von 11 Studien stellten Forscher fest, dass sich Tumore typischerweise auf der gleichen Seite des Kopfes bildeten, die zum Telefonieren verwendet wurde.

Meningeom-Indikation

Obwohl schlüssige Beweise fehlten, deutete eine schwedische Studie auf ein erhöhtes Meningeom-Risiko bei Personen mit hoher kumulativer Handynutzung hin.

Bösartige Hirntumore

Hardells neuere Forschungsergebnisse stützen die Ansicht, dass HF-EMF sowohl bei der Entstehung als auch bei der Förderung bösartiger Hirntumore eine Rolle spielen.

Hypophysenkrebs

Bei Frauen, die weniger als fünf Jahre lang ein Mobiltelefon benutzten, war die Wahrscheinlichkeit, an Hypophysenkrebs zu erkranken, mehr als doppelt so hoch. Die Hypophyse ist die „Hauptdrüse" des Körpers, die die Hormonproduktion reguliert.

Veränderungen der Schilddrüsenzellen
Eine israelische Studie zeigte deutliche Veränderungen in Schilddrüsenzellen, die elektromagnetischer Strahlung ausgesetzt waren, was mit den steigenden nationalen Raten von Schilddrüsenkrebs übereinstimmt.

Melanome in den Kopfregionen
Eine verstärkte Nutzung von Mobiltelefonen korrelierte stark mit einem Anstieg von Kopfmelanomen in den nordischen Ländern.

Neuroepitheliale Tumore
Eine US-amerikanische Studie deutete auf eine fast dreifache Zunahme von neuroepithelialen Tumoren bei Handynutzern hin – später wurde dies als statistisch nicht signifikant heruntergespielt.

Tumore der Ohrspeicheldrüse
Eine israelische Studie fand eine erhöhte Inzidenz von Tumoren in der Speicheldrüse, die der Wange am nächsten liegt, wo Telefone normalerweise gehalten werden.

Anstieg von Parotismalignomen
Eine weitere israelische Analyse über 36 Jahre zeigte einen vierfachen Anstieg von Parotiskrebs, ohne Anstieg in anderen Speicheldrüsen.

Leukämie
Mehrere Studien brachten die Exposition gegenüber

Funkfrequenzstrahlung – von Telefonen und Sendemasten – mit einem erhöhten Leukämierisiko in Verbindung.

Lymphknotenkrebs bei Mäusen
Mäuse, die 18 Monate lang HF-Strahlung ausgesetzt waren, entwickelten signifikant mehr Lymphome, was das karzinogene Potenzial von HF-Strahlung bestätigt.

Brustkrebs bei jungen Frauen
Frauen, die ihre Telefone gewöhnlich in ihrem BH aufbewahrten, entwickelten Brustkrebs direkt unter den Geräten.

Augenkrebs
Deutsche Forscher brachten das Uvealmelanom mit HF-Strahlung in Verbindung, während andere Studien von Augensymptomen bei Langzeitnutzern von Mobiltelefonen berichteten.

Verschiedene Tumore in der Nähe von Sendemasten
Eine brasilianische Studie ergab, dass die meisten Krebstoten im Umkreis von 500 Metern um Mobilfunkmasten auftraten, wobei ein direkter Zusammenhang mit mehreren Tumorarten bestand.

Hirntumore korrelieren mit Mobilfunkverträgen
Eine amerikanische Studie ergab eine beunruhigende Korrelation zwischen der Zunahme von Mobilfunkverträgen und der Hirntumorrate in 19 Bundesstaaten.

Hirntumor-Trends bei Frauen in den USA

Über einen Zeitraum von 14 Jahren wurde bei Frauen im Alter von 20 bis 29 Jahren ein Anstieg von Frontallappenkrebs beobachtet.

* * *

Krebstrends in Großbritannien und den nordischen Ländern

Studien in Finnland, Norwegen und Großbritannien zeigen ebenfalls steigende Hirntumor-Raten, die mit der zunehmenden Verbreitung von Mobiltelefonen einhergehen.

Durchbruch der Blut-Hirn-Schranke

Hochfrequenzstrahlung erhöht die Durchlässigkeit der Blut-Hirn-Schranke und lässt so Giftstoffe in das empfindliche Gehirngewebe eindringen.

Verlust von Gehirnzellen

Tierstudien zeigen einen signifikanten Verlust von Gehirnzellen und Strukturveränderungen bei HF-Exposition.

Veränderte Gehirnfunktion

Chinesische Forscher fanden heraus, dass eine 30-minütige LTE-Exposition die Gehirnwellenmuster und die spontane neuronale Aktivität verändert.

Regionale Durchblutung

Finnische bildgebende Untersuchungen zeigten, dass die von Mobiltelefonen ausgehende Strahlung die Durchblutung des Gehirns beeinflusst, ein Indikator für neuronale Aktivität.

Gedächtnisschäden bei Jugendlichen
Australische Jugendliche, die häufiger Mobiltelefone benutzten, hatten kürzere Reaktionszeiten, aber ein schlechteres Gedächtnis.

DNA-Einzel-/Doppelstrangbrüche
Forschungen der University of Washington dokumentierten eindeutig beide Arten von DNA-Strangschäden bei Ratten, die hochfrequenter Strahlung ausgesetzt waren.

Meta-Analyse genetischer Schäden
Eine österreichische Studie kam zu dem Schluss, dass es überwältigende Beweise dafür gibt, dass HF-Exposition das genetische Material verändert.

Verminderte Hitzeschockproteine
Hühnerembryonen, die HF ausgesetzt waren, wiesen weniger HSP70 auf, das für den Schutz und die Stabilität der Zellen von entscheidender Bedeutung ist.

Oxidativer DNA-Schaden
Studien an Kaninchen und anderen Tieren ergaben eine erhöhte Aktivität freier Radikale und strukturelle Schäden an Biomolekülen.

Veränderungen der Genexpression
Mikrowellenstrahlung veränderte die Genexpression im Gehirn von Ratten und zeigte eine subtile, aber weit verbreitete Störung.

Chromosomenschäden
Eine belgische Analyse von 16 Studien ergab, dass 13

Studien einen erhöhten genetischen Schaden bei HF-exponierten Personen zeigten.

Neurotransmitter-Veränderungen
Eine bayerische Studie brachte die Strahlung von Mobilfunkmasten mit Veränderungen des Neurotransmitter-Gleichgewichts und Symptomen wie Kopfschmerzen und Müdigkeit in Verbindung.

Morphologie des zentralen Nervensystems
Wiederholte Exposition gegenüber schwachen HF-Strahlen verursachte physische Veränderungen und Zelltod im Gehirngewebe von Tieren.

Latenzzeit führt zu Fehlinterpretationen
Krebs entwickelt sich oft erst nach 10 bis 20 Jahren. Studien mit kürzeren Zeiträumen unterschätzen das Risiko.

Zeitbomben-Effekt
Die vollständigen gesundheitlichen Auswirkungen von Mobiltelefonen könnten noch bevorstehen, wobei die aktuellen Tumore möglicherweise erst der Anfang sind.

Fehlerhafte Forschungstaktiken
Von der Industrie finanzierte Studien unterschätzen oft Risiken, indem sie fehlerhafte Methoden anwenden, wie z. B. den Ausschluss schwerer Fälle.

Gefährdete Bevölkerungsgruppen
Kinder, Schwangere und Personen mit Herzschrittmachern sind besonders anfällig für die Auswirkungen von Funkfrequenzen.

Weitere Symptome über Krebs hinaus

Strahlenbelastung steht auch im Zusammenhang mit Müdigkeit, Kopfschmerzen, Tinnitus, Depressionen, Gedächtnisverlust, Herzproblemen, Immunsuppressionund Entwicklungsstörungen wie Autismus und ADHS.

* * *

Quellenangaben

1. National Cancer Institute. "What Is Cancer?" https://www.cancer.gov/about-cancer/understanding/what-is-cancerThakkar JP, Dolecek TA, Horbinski C, et al. "Epidemiologic and molecular prognostic review of glioblastoma." Cancer Epidemiol Biomarkers Prev. 2014.
2. Brown M, Ruckenstein M. "Patient outcomes with vestibular schwannoma." Curr Opin Otolaryngol Head Neck Surg. 2010.
3. Ecolog-Institut. "Mobile Telecommunications and Health: Review of the Current Scientific Research." Commissioned by T-Mobile, 2000.
4. Interphone Study Group. "Brain tumour risk in relation to mobile telephone use: results of the INTERPHONE international case-control study." Int J Epidemiol 2010; 39:675–694.
5. Myung SK, Ju W, McDonnell DD, et al. "Mobile phone use and risk of tumors: a meta-analysis." J Clin Oncol. 2009.
6. Hardell L, Carlberg M, Söderqvist F, et al. "Long-term use of cellular phones and brain tumours: increased risk associated with use for ≥10 years." Occup Environ Med. 2007.

7. Coureau G, Bouvier G, Lebailly P, et al. "Mobile phone use and brain tumours in the CERENAT case-control study." Occup Environ Med.2014;71(7):514-22.
8. Benson VS, Pirie K, Schüz J, et al. "Mobile phone use and risk of brain neoplasms and other cancers: prospective study." Int J Epidemiol 2013.
9. Lönn S, Ahlbom A, Hall P, Feychting M, et al. "Long-term mobile phone use and brain tumor risk." Am J Epidemiol. 2005.
10. Kan P, Simonsen SE, Lyon JL, Kestle JR. "Cell phone use and brain tumor: a meta-analysis." J Neurooncol. 2008.
11. Schlehofer B, et al. "Environmental risk factors for sporadic acoustic neuroma (Interphone Study Group, Germany)." Eur J Cancer. 2007.
12. Hardell L, Carlberg M. "Mobile phones, cordless phones and the risk for brain tumours." Int J Oncol. 2009.
13. Gittleman HR, Ostrom QT, Farah PD, et al. "Descriptive epidemiology of pituitary tumors in the United States." J Neurooncol. 2014.
14. Gordon MB, et al. "Effects of non-ionizing electromagnetic fields on thyroid cells." Israel Medical Association Journal. 2016.
15. Hallberg Ö, Johansson O. "Melanoma incidence and cellphone use." Eur J Cancer Prev. 2002.
16. Muscat JE, Malkin MG, Thompson S, et al. "Handheld cellular telephones and risk of acoustic neuroma." Neurology. 2002.
17. Sadetzki S, et al. "Cellular Phone Use and Risk of Benign and Malignant Parotid Gland Tumors—A

18. Nationwide Case-Control Study." Am J Epidemiol. 2008;167(4):457-467.
19. Czerninski R, Zini A, Sgan-Cohen HD. "Risk of parotid malignant tumors in Israel (1970-2006)." Epidemiology. 2011.
20. Ha M, Im H, Lee M, et al. "Radio-frequency radiation exposure from AM radio transmitters and childhood leukemia and brain cancer." Am J Epidemiol. 2007.
21. Repacholi MH, Basten A, Gebski V, et al. "Lymphomas in E mu-Pim1 transgenic mice exposed to pulsed 900 MHz electromagnetic fields." Radiat Res. 1997.
22. West JM, Kapoor NS, Liao C, et al. "Multifocal breast cancer in young women with prolonged contact between their breasts and cellular phones." Case Rep Med. 2013.
23. Stang A, et al. "The possible role of radiofrequency radiation in the development of uveal melanoma." Epidemiology. 2001.
24. Dode AC, Leão MM, Tejo FA, et al. "Mortality by neoplasia and cellular telephone base stations in the Belo Horizonte municipality, Minas Gerais state, Brazil." Sci Total Environ. 2011.
25. Szmigielski S, et al. (Hypothetical reference, as a full citation was not explicitly provided in the original text—could be referencing a correlation study from the U.S. for cell phone usage and brain tumors.)
26. Zada G, Bond AE, Wang YP, et al. "Incidence trends in the anatomic location of primary malignant brain tumors in the United States: 1992-2006." World Neurosurg. 2012.

27.de Vocht F, Burstyn I, Cherrie JW. "Time trends (1998–2007) in brain cancer incidence rates in relation to mobile phone use in England." Bioelectromagnetics. 2011.

28.Persson BRR, Salford LG, Brun A. "Blood-brain barrier permeability in rats exposed to electromagnetic fields used in wireless communication." Wireless Networks. 1997.

29.Sonmez OF, Odaci E, Bas O, Kaplan S. "Purkinje cell number decreases in the adult female rat cerebellum following 900 MHz electromagnetic field exposure." Brain Res. 2010.

30.Lv B, Chen Z, Wu T, et al. "The alteration of spontaneous low frequency oscillations caused by acute electromagnetic fields exposure." Clin Neurophysiol. 2014.

31.Haarala C, et al. "Effects of a 902 MHz mobile phone on cerebral blood flow in humans: a PET study." Neuroreport. 2003.

32.Abramson MJ, et al. "Mobile telephone use is associated with changes in cognitive function in young adolescents." Bioelectromagnetics. 2009.

33.Lai H, Singh NP. "Single- and double-strand DNA breaks in rat brain cells after acute exposure to radiofrequency electromagnetic radiation." Int J Radiat Biol. 69(4):513–521, 1996.

34.Ruediger HW. "Genotoxic effects of radiofrequency electromagnetic fields." Pathophysiology. 2009.

35.Ferreira AR, Knakievicz T, Pasquali MA, et al. "Ultra high frequency-electromagnetic field irradiation during pregnancy leads to an increase

36. in erythrocytes micronuclei incidence in rat offspring." Life Sci. 2006.
37. De Pomerai D, et al. "Heat-shock proteins: their role in human disease and potential as a therapeutic target." Ann N Y Acad Sci. 2000. (Also referencing chick embryo HSP70 findings.
38. Guler G, Tomruk A, Ozgur E, Seyhan N. "The effect of radiofrequency radiation on DNA and lipid damage in non-pregnant and pregnant rabbits and their newborns." Gen Physiol Biophys. 2010.
39. Belyaev IY, Koch CB, Terenius O, et al. "Exposure of rat brain to 915 MHz GSM microwaves induces changes in gene expression but not double-stranded DNA breaks or effects on chromatin conformation." Bioelectromagnetics. 2006.
40. Zeni O, et al. "Evaluation of genotoxic effects in human peripheral blood leukocytes following an acute in vitro exposure to 900 MHz radiofrequency fields." Bioelectromagnetics. 2008.
41. Buchner K, Eger H. "Changes of clinically important neurotransmitters under the influence of modulated RF fields." Umwelt·Medizin·Gesellschaft. 2011.
42. Salford LG, Brun AE, Eberhardt JL, et al. "Nerve cell damage in mammalian brain after exposure to microwaves from GSM mobile phones." Environ Health Perspect. 2003.
43. Kundi M. "The controversy about a possible relationship between mobile phone use and cancer." Environ Health Perspect. 2009.
44. Blank M, Goodman R. "Electromagnetic fields stress living cells." Pathophysiology. 2009.
45. Huss A, Egger M, Hug K, et al. "Source of funding

and results of studies of health effects of mobile phone use: systematic review of experimental studies." Environ Health Perspect. 2007.

46. Gandhi OP, Morgan LL, de Salles AA, et al. "Exposure limits: the underestimation of absorbed cell phone radiation, especially in children." Electromagn Biol Med. 2012.

47. Khurana VG, et al. "Cell phones and brain tumors: a review including the long-term epidemiologic data." Surg Neurol. 2009.

Bilderquellen

Coverbild:
Trotz intensiver Suche konnte ich die/den FotografIn nicht ermitteln.
Sollten Sie nachweisbar dieses Foto aufgenommen haben, teilen Sie mir dies bitte umgehen mit.
Ich werde dann Ihren Namen und Ihre Homepage mehrfach hier im Buch erwähnen.
traude-schubert@gmx.de

Handy Sendemasten
https://www.piqsels.com/de/public-domain-photo-ssbyf/

Masten auf Häusern
https://www.piqsels.com/de/public-domain-photo-zyxsr/

Bild von jotoya auf Pixabay

Buch „ Padma"
https://synergia-verlag.ch/padma-p-112999.html

Bild „5G – Mobile World Congress 2016" by Janitors is licensed under CC BY 2.0.

https://www.flickr.com/photos/6344495@N05/5140 9865501

https://www.youtube.com/watch?v=JKaoLxw0qJI

Quellennachweise

https://tkp.at/2022/12/12/sensationell-umweltmediziner-prof-hutter-warnt-offen-vor-5-g/

https://www.diagnose-funk.org/aktuelles/artikel-archiv/detail?newsid=1456

https://tkp.at/2021/04/05/plaedoyer-fuer-eine-integrative-medizin-und-mehr-selbstverantwortung/

https://synergia-verlag.ch/padma-p-112999.html

https://tkp.at/2023/06/29/skurril-wie-5g-den-us-flugverkehr-beeintraechtigt/

https://9to5mac.com/2023/06/26/airline-5g-mess/

https://www.wsj.com/articles/pete-buttigieg-warns-of-flight-delays-as-5g-deadline-looms-bc4ab236

https://tkp.at/2023/11/28/5g-als-zentrale-infrastruktur-fuer-den-great-reset/

https://real-left.com/the-dystopian-cashless-future-we-must-fight-5g-the-metaverse-and-the-tokenised-impact-economy/

1] Clive Humby – Wikipedia

[2] Project Gigabit – GOV.UK (www.gov.uk)

[3] archive.is/vjYfc

[4] The UK's PSTN network will switch off in 2025 | BT Business (archive.is)

[5] 10G: 10G Future (10gplatform.com)

[6] archive.is/wip/aCDKc

[7] £28 million to trial innovative new uses of 5G to improve people's lives – GOV.UK (archive.is)

[8] **Page 7 of W.E.F report: 'Impact Investing for the Next Generation'** WEF_Impact_Investing_for_the_Next_Generation.pdf (weforum.org)

[9] On Impact Investing, Digital Identity and the United Nation's Sustainable Development Goals – YouTube
[10] Here's how impact investing can change the world | World Economic Forum (weforum.org)

[10] Here's how impact investing can change the world | World Economic Forum (weforum.org)

[11] UN Global Compact and The Rockefeller Foundation Announce a Framework for Action on Social Enterprise and Impact Investing

[12] On Impact Investing, Digital Identity and the United Nation's Sustainable Development Goals – YouTube

[21] Mental Health & Employment Partnership Tower Hamlets (archive.is)

[22] On Impact Investing, Digital Identity and the United Nation's Sustainable Development Goals – YouTube

[23]https://winteroakpress.files.wordpress.com/2023/05/impact.pdf

[24] **P2 of ITU Metaverse Focus Group report 'Exploring the Metaverse: Opportunities and Challenges**'https://www.itu.int/dms_pub/itu-t/opb/fg/T-FG-MV-2023-PDF-E.pdf

[25] **P3 of ITU Metaverse Focus Group report**: '**Policy and Regulation Opportunities and Challenges in the Metaverse'**https://www.itu.int/en/ITU-T/focusgroups/mv/Documents/List%20of%20FG-MV%20deliverables/FGMV-07.pdf

[26] P13-18 **of ITU Metaverse Focus Group report** 'Policy and Regulation Opportunities and Challenges in the **Metaverse'**https://www.itu.int/en/ITU-T/focusgroups/mv/Documents/List%20of%20FG-MV%20deliverables/FGMV-07.pdf

& **P10 of ITU Metaverse Focus Group report 'Exploring the Metaverse: Opportunities and Challenges'** https://www.itu.int/dms_pub/itu-t/opb/fg/T-FG-MV-2023-PDF-E.pdf

[27] **P27 of WEF report 'Social Implications of the Metaverse'**
https://www3.weforum.org/docs/WEF_Social_Implications_of_the_Metaverse%20_2023.pdf

[28] **P32of**
https://www3.weforum.org/docs/WEF_Metaverse_Privacy
_and_Safety_2023.pdf

[29] **P5 of'Guidelines for consideration of ethical
issues in standards that build confidence and
security in the metaverse Working Group 6: Security,
Data & Personally identifiable information (PII)
Protection'**https://www.itu.int/en/ITU-T/focusgroups/mv/
Documents/List%20of%20FG-MV%20deliverables/
FGMV-06.pdf

[30] **P51 of WEF report** 'Metaverse Privacy and
Safety':https://www3.weforum.org/docs/WEF_Metaverse
_Privacy_and_Safety_2023.pdf

[31] **P18 ofITU-T Focus Group Report. Exploring the
metaverse: opportunities and
challenges:**https://www.itu.int/dms_pub/itu-t/opb/fg/T-
FG-MV-2023-PDF-E.pdf
[32] **P50 of WEF Report'Social Implications of the
Metaverse':**
https://www3.weforum.org/docs/WEF_Social_Implication
s_of_the_Metaverse%20_2023.pdf[33]https://
en.wikipedia.org/wiki/Non-fungible_token

[34] **P5**.Vitalek-Buterin-Soulbound-Token-Paper-May-
2022.pdf (wrenchinthegears.com)

[35] https://archive.is/QHOFI

[36] **P9 of WEF report'Social Implications of the
Metaverse':**

https://www3.weforum.org/docs/
WEF_Social_Implications_of_the_Metaverse
%20_2023.pdf
Tagged 5G, 5G testbed and trials, cashless, Fourth
Industrial revolution, Great Reset, impact economy,
Impact Investing, Metaverse, Rockefeller Foundation,
Ronald Cohen, social impact investing

https://tkp.at/2023/12/29/studie-aus-schweden-kinder-
von-5g-besonders-betroffen

https://childrenshealthdefense.org/emr/emf-key-terms-
descriptions/

https://tkp.at/2024/04/15/neue-studien-zeigen-schaeden-
fuer-gesundheit-durch-5g-mobilfunk/

https://www.youtube.com/watch?v=JKaoLxw0qJI

https://www.degruyter.com/document/doi/10.1515/reveh-
2022-0106/html

https://www.tandfonline.com/doi/full/10.1080/09603123.
2022.2149708

https://pesquisa.bvsalud.org/portal/resource/pt/wpr-
993070?lang=en

https://www.sciencedirect.com/science/article/abs/pii/
S0161813X22001747

https://www.frontiersin.org/journals/public-health/
articles/10.3389/fpubh.2023.1231360/full

https://www.sciencedirect.com/science/article/abs/pii/
S1698031X23000316

https://www.nature.com/articles/s41598-024-53842-2

https://tkp.at/2024/11/12/nutzen-und-gefahren-des-5g-
mobilfunks/

https://www.europarl.europa.eu/thinktank/de/document/
EPRS_BRI(2020)646172

https://www.amazon.de/1984-Roman-George-Orwell/dp/
3458178767?__mk_de_DE=%C3%85M%C3%85%C5

https://www.gatesfoundation.org/ideas/digital-public-
infrastructure

https://www.youtube.com/watch?v=JKaoLxw0qJl

https://www.degruyter.com/document/doi/10.1515/reveh-
2022-0106/html

https://tkp.at/2024/11/13/nutzen-und-gefahren-des-5g-
mobilfunks-teil-2/

https://www.europarl.europa.eu/thinktank/de/document/
EPRS_STU(2021)690012

https://pubmed.ncbi.nlm.nih.gov/31991167/

https://www.sciencedirect.com/topics/pharmacology-
toxicology-and-pharmaceutical-science/adverse-event

https://www.sciencedirect.com/topics/pharmacology-toxicology-and-pharmaceutical-science/adverse-event

https://www.tandfonline.com/doi/full/10.1080/09603123.2022.2149708

https://pesquisa.bvsalud.org/portal/resource/pt/wpr-993070

https://www.sciencedirect.com/science/article/abs/pii/S0161813X22001747

https://onlinelibrary.wiley.com/doi/full/10.1002/brb3.3004

https://www.frontiersin.org/journals/public-health/articles/10.3389/fpubh.2023.1231360/full

https://www.sciencedirect.com/science/article/abs/pii/S1698031X23000316

https://www.nature.com/articles/s41598-024-53842-2

https://tkp.at/2025/03/06/kurzfristige-exposition-gegenueber-5g-strahlung-veraendert-menschliches-blut/

https://tkp.at/2024/04/15/neue-studien-zeigen-schaeden-fuer-gesundheit-durch-5g-mobilfunk/

https://tkp.at/2024/11/12/nutzen-und-gefahren-des-5g-mobilfunks/

https://tkp.at/2024/11/13/nutzen-und-gefahren-des-5g-mobilfunks-teil-2/

https://www.mdpi.com/2227-9059/13/2/478

https://tkp.at/2025/02/19/windraeder-produzieren-die-gesundheit-von-mensch-und-tier-schaedigenden-infraschall/

https://tkp.at/2025/03/07/warnung-vor-handystrahlung-neue-risiken-bei-der-nutzung-von-5g-in-laendlichen-gebieten-entdeckt/

https://www.sciencedirect.com/science/article/pii/S001393512402454X

https://tkp.at/2025/03/14/wie-5g-strahlung-die-gesundheit-der-zell-kraftwerke-stoeren-kann/

https://www.mdpi.com/1422-0067/26/6/2459

https://tkp.at/2025/03/17/sicherheit-von-5g-mobilfunk-genauso-unbewiesen-bei-bei-mrna-praeparaten/

https://www.thefocalpoints.com/p/the-5g-safety-myth-assumed-safe-not

https://www.frontiersin.org/journals/public-health/articles/10.3389/fpubh.2023.1058454/full#B4

https://pubmed.ncbi.nlm.nih.gov/31991167/

https://tkp.at/2024/11/13/nutzen-und-gefahren-des-5g-mobilfunks-teil-2/

5G-Wahnsinn: Die Risiken des Mobilfunks – Das gefährliche Spiel mit den Grenzwerten – Die strahlungsarmen Alternativen

5G: Die geheime Gefahr: Wie uns der neue Mobilfunk krank macht und wie wir uns schützen können (GU Gesundheit)

https://tkp.at/2025/03/28/wie-5g-funkfrequenz-braunes-fett-und-die-thermoregulation-stoert/

https://www.mdpi.com/1422-0067/26/6/2792

Quellenangaben zu:
Überblick über gesundheitliche Auswirkungen von hochfrequenter Strahlung

1. National Cancer Institute. "What Is Cancer?" https://www.cancer.gov/about-cancer/understanding/what-is-cancer
2. Thakkar JP, Dolecek TA, Horbinski C, et al. "Epidemiologic and molecular prognostic review of glioblastoma." Cancer Epidemiol Biomarkers Prev. 2014.
3. Brown M, Ruckenstein M. "Patient outcomes with vestibular schwannoma." Curr Opin Otolaryngol Head Neck Surg. 2010.
4. Ecolog-Institut. "Mobile Telecommunications and Health: Review of the Current Scientific Research." Commissioned by T-Mobile, 2000.
5. Interphone Study Group. "Brain tumour risk in relation to mobile telephone use: results of the INTERPHONE international case-control study."

Int J Epidemiol 2010; 39:675–694.

6. Myung SK, Ju W, McDonnell DD, et al. "Mobile phone use and risk of tumors: a meta-analysis." J Clin Oncol. 2009.

7. Hardell L, Carlberg M, Söderqvist F, et al. "Long-term use of cellular phones and brain tumours: increased risk associated with use for ≥10 years." Occup Environ Med. 2007.

8. Coureau G, Bouvier G, Lebailly P, et al. "Mobile phone use and brain tumours in the CERENAT case-control study." Occup Environ Med. 2014;71(7):514-22.

9. Benson VS, Pirie K, Schüz J, et al. "Mobile phone use and risk of brain neoplasms and other cancers: prospective study." Int J Epidemiol 2013.

10. Lönn S, Ahlbom A, Hall P, Feychting M, et al. "Long-term mobile phone use and brain tumor risk." Am J Epidemiol. 2005.

11. Kan P, Simonsen SE, Lyon JL, Kestle JR. "Cell phone use and brain tumor: a meta-analysis." J Neurooncol. 2008.

12. Schlehofer B, et al. "Environmental risk factors for sporadic acoustic neuroma (Interphone Study Group, Germany)." Eur J Cancer. 2007.

13. Hardell L, Carlberg M. "Mobile phones, cordless phones and the risk for brain tumours." Int J Oncol. 2009.

14. Gittleman HR, Ostrom QT, Farah PD, et al. "Descriptive epidemiology of pituitary tumors in the United States." J Neurooncol. 2014.

15. Gordon MB, et al. "Effects of non-ionizing electromagnetic fields on thyroid cells." Israel Medical Association Journal. 2016.

16. Hallberg Ö, Johansson O. "Melanoma incidence and cellphone use." Eur J Cancer Prev. 2002.
17. Muscat JE, Malkin MG, Thompson S, et al. "Handheld cellular telephones and risk of acoustic neuroma." Neurology. 2002.
18. Sadetzki S, et al. "Cellular Phone Use and Risk of Benign and Malignant Parotid Gland Tumors—A Nationwide Case-Control Study." Am J Epidemiol. 2008;167(4):457-467.
19. Czerninski R, Zini A, Sgan-Cohen HD. "Risk of parotid malignant tumors in Israel (1970-2006)." Epidemiology. 2011.
20. Ha M, Im H, Lee M, et al. "Radio-frequency radiation exposure from AM radio transmitters and childhood leukemia and brain cancer." Am J Epidemiol. 2007.
21. Repacholi MH, Basten A, Gebski V, et al. "Lymphomas in E mu-Pim1 transgenic mice exposed to pulsed 900 MHz electromagnetic fields." Radiat Res. 1997.
22. West JM, Kapoor NS, Liao C, et al. "Multifocal breast cancer in young women with prolonged contact between their breasts and cellular phones." Case Rep Med. 2013.
23. Stang A, et al. "The possible role of radiofrequency radiation in the development of uveal melanoma." Epidemiology. 2001.
24. Dode AC, Leão MM, Tejo FA, et al. "Mortality by neoplasia and cellular telephone base stations in the Belo Horizonte municipality, Minas Gerais state, Brazil." Sci Total Environ. 2011.
25. Szmigielski S, et al. (Hypothetical reference, as a full citation was not explicitly provided in the

original text—could be referencing a correlation study from the U.S. for cell phone usage and brain tumors.)

26. Zada G, Bond AE, Wang YP, et al. "Incidence trends in the anatomic location of primary malignant brain tumors in the United States: 1992-2006." World Neurosurg. 2012.
27. de Vocht F, Burstyn I, Cherrie JW. "Time trends (1998–2007) in brain cancer incidence rates in relation to mobile phone use in England." Bioelectromagnetics. 2011.
28. Persson BRR, Salford LG, Brun A. "Blood-brain barrier permeability in rats exposed to electromagnetic fields used in wireless communication." Wireless Networks. 1997.
29. Sonmez OF, Odaci E, Bas O, Kaplan S. "Purkinje cell number decreases in the adult female rat cerebellum following 900 MHz electromagnetic field exposure." Brain Res. 2010.
30. Lv B, Chen Z, Wu T, et al. "The alteration of spontaneous low frequency oscillations caused by acute electromagnetic fields exposure." Clin Neurophysiol. 2014.
31. Haarala C, et al. "Effects of a 902 MHz mobile phone on cerebral blood flow in humans: a PET study." Neuroreport. 2003.
32. Abramson MJ, et al. "Mobile telephone use is associated with changes in cognitive function in young adolescents." Bioelectromagnetics. 2009.
33. Lai H, Singh NP. "Single- and double-strand DNA breaks in rat brain cells after acute exposure to radiofrequency electromagnetic radiation." Int J Radiat Biol. 69(4):513–521, 1996.

34. Ruediger HW. "Genotoxic effects of radiofrequency electromagnetic fields." Pathophysiology. 2009.

35. Ferreira AR, Knakievicz T, Pasquali MA, et al. "Ultra high frequency-electromagnetic field irradiation during pregnancy leads to an increase in erythrocytes micronuclei incidence in rat offspring." Life Sci. 2006.

36. De Pomerai D, et al. "Heat-shock proteins: their role in human disease and potential as a therapeutic target." Ann N Y Acad Sci. 2000. (Also referencing chick embryo HSP70 findings.

37. Guler G, Tomruk A, Ozgur E, Seyhan N. "The effect of radiofrequency radiation on DNA and lipid damage in non-pregnant and pregnant rabbits and their newborns." Gen Physiol Biophys. 2010.

38. Belyaev IY, Koch CB, Terenius O, et al. "Exposure of rat brain to 915 MHz GSM microwaves induces changes in gene expression but not double-stranded DNA breaks or effects on chromatin conformation." Bioelectromagnetics. 2006.

39. Zeni O, et al. "Evaluation of genotoxic effects in human peripheral blood leukocytes following an acute in vitro exposure to 900 MHz radiofrequency fields." Bioelectromagnetics. 2008.

40. Buchner K, Eger H. "Changes of clinically important neurotransmitters under the influence of modulated RF fields." Umwelt·Medizin·Gesellschaft. 2011.

41. Salford LG, Brun AE, Eberhardt JL, et al. "Nerve cell damage in mammalian brain after exposure to microwaves from GSM mobile phones." Environ Health Perspect. 2003.

42. Kundi M. "The controversy about a possible relationship between mobile phone use and cancer." Environ Health Perspect. 2009.
43. Blank M, Goodman R. "Electromagnetic fields stress living cells." Pathophysiology. 2009.
44. Huss A, Egger M, Hug K, et al. "Source of funding and results of studies of health effects of mobile phone use: systematic review of experimental studies." Environ Health Perspect. 2007.
45. Gandhi OP, Morgan LL, de Salles AA, et al. "Exposure limits: the underestimation of absorbed cell phone radiation, especially in children." Electromagn Biol Med. 2012.
46. Khurana VG, et al. "Cell phones and brain tumors: a review including the long-term epidemiologic data." Surg Neurol. 2009.

Weitere Bücher in Zusammenarbeit mit Herrn Dr. Peter F. Mayer

PILZE
contra Krebs und andere Erkrankungen

Bei dem Wort Krebs überkommt fast jeden Menschen ein ungutes Gefühl.
So ging es auch mir. Meine Mutter war an Hautkrebs erkrankt.
Außer Chemotherapie, Strahlen und einige wenige Pflanzenpräparate kennt man fast keine Hilfen.

Doch es gibt sie! Das erfuhr ich, als ich mich bei alternativen Medien umsah.
Gefunden habe ich dabei Berichte von Herrn Dr. Peter F. Mayer. Er schrieb über Pilze, die nachweisbar bei Krebs helfen können!!
Dr. Mayer führt viele Studien dazu auf, die sehr erfolgreich waren!!
Ich setzte mich daraufhin mit ihm in Verbindung, um all dieses Wissen zu Pilzen die bei Krebs helfen können, bekannter zu machen.
So entstand dieses Buch, in dem ich die erwähnten Berichte und Studien übernehmen durfte.
Beigefügt sind die Links zur Homepage von Dr. Peter F. Mayer, sowie weiterführende Linkszu den einzelnen Studien.

Traude Schubert
&
Dr. Peter F. Mayer
Publizist Science & Technology

PILZE

contra Krebs und

anderen Erkrankungen

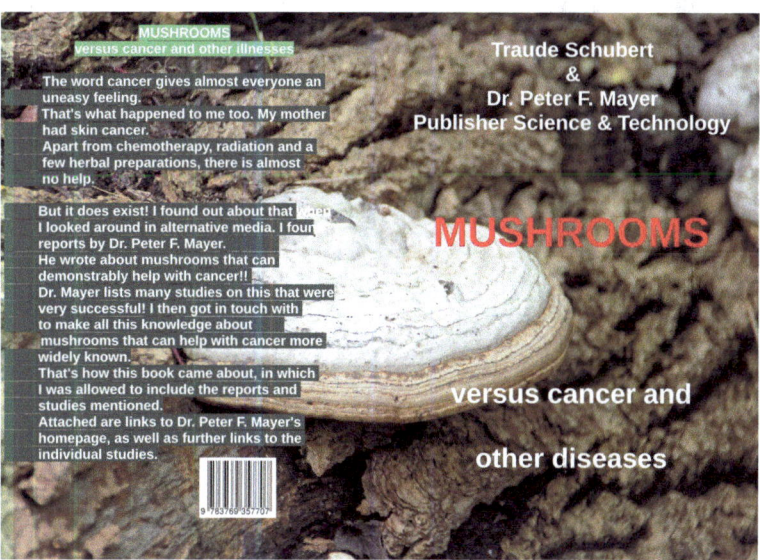

MUSHROOMS
versus cancer and other illnesses

The word cancer gives almost everyone an uneasy feeling.
That's what happened to me too. My mother had skin cancer.
Apart from chemotherapy, radiation and a few herbal preparations, there is almost no help.

But it does exist! I found out about that when I looked around in alternative media. I found reports by Dr. Peter F. Mayer.
He wrote about mushrooms that can demonstrably help with cancer!!
Dr. Mayer lists many studies on this that were very successful! I then got in touch with to make all this knowledge about mushrooms that can help with cancer more widely known.
That's how this book came about, in which I was allowed to include the reports and studies mentioned.
Attached are links to Dr. Peter F. Mayer's homepage, as well as further links to the individual studies.

Traude Schubert
&
Dr. Peter F. Mayer
Publisher Science & Technology

MUSHROOMS

versus cancer and

other diseases

Sämtliche Bücher erhalten Sie:
- **bei Amazon,**
- **in jeder guten Buchhandlung,**
- **oder direkt beim BoD GmbH – Verlag**

https://buchshop.bod.de/catalogsearch/result/ index/?q=traude%20schubert %20&product_list_order=bod_release_date&pro duct_list_dir=desc

* * *